法考精神体系

名师精编　深研命题

商经法突破108题

应试提点　实战推演

鄢梦萱 ◎ 编著　｜　厚大出品

中国政法大学出版社

见之不若知之　知之不若行之

2024年厚大社群服务清单

主题班会
每月一次，布置任务，总结问题

学情监督
记录学习数据，建立能力图谱，针对薄弱有的放矢

备考规划
学习规划，考场应急攻略，心理辅导策略

干货下载
大纲对比、图书勘误、营养资料、直播讲义等

同步小测
同步练习，当堂讲当堂练
即时检测听课效果

单科测试
全真模拟，摸底考试
考试排名，知己知彼

专业答疑
语音、图片、文字多方式提问
专业专科答

主观破冰
破译主观题的规律和奥秘，使学员
对主观题从一知半解到了如指掌

模拟机考
全真模拟，冲刺法考，进阶训练，突破瓶颈

高峰论坛
大纲解读，热点考点精析，热点案例分析等

法治思想素材
精编答题素材、传授答题套路，使考生对论述题
万能金句熟记于心

主观背诵金句
必背答题采分点，"浓缩"知识，择要记忆
法言法语，标准化答题

扫码获取专属服务

代总序

做法治之光

——致亲爱的考生朋友

如果问哪个群体会真正认真地学习法律,我想答案可能是备战法考的考生。

当厚大的老总力邀我们全力投入法考的培训事业,他最打动我们的一句话就是:这是一个远比象牙塔更大的舞台,我们可以向那些真正愿意去学习法律的同学普及法治的观念。

应试化的法律教育当然要帮助同学们以最便捷的方式通过法考,但它同时也可以承载法治信念的传承。

一直以来,人们习惯将应试化教育和大学教育对立开来,认为前者不登大雅之堂,充满填鸭与铜臭。然而,没有应试的导向,很少有人能够真正自律到系统地学习法律。在许多大学校园,田园牧歌式的自由放任也许能够培养出少数的精英,但不少学生却是在游戏、逃课、昏睡中浪费生命。人类所有的成就靠的其实都是艰辛的训练;法治建设所需的人才必须接受应试的锤炼。

应试化教育并不希望培养出类拔萃的精英,我们只希望为法治建设输送合格的人才,提升所有愿意学习法律的同学整体性的法律知识水平,培育真正的法治情怀。

厚大教育在全行业中率先推出了免费视频的教育模式,让优质的教育从此可以遍及每一个有网络的地方,经济问题不会再成为学生享受这些教育资源的壁垒。

最好的东西其实都是免费的，阳光、空气、无私的爱，越是弥足珍贵，越是免费的。我们希望厚大的免费课堂能够提供最优质的法律教育，一如阳光遍洒四方，带给每一位同学以法律的温暖。

没有哪一种职业资格考试像法考一样，科目之多、强度之大令人咂舌，这也是为什么通过法律职业资格考试是每一个法律人的梦想。

法考之路，并不好走。有沮丧、有压力、有疲倦，但愿你能坚持。

坚持就是胜利，法律职业资格考试如此，法治道路更是如此。

当你成为法官、检察官、律师或者其他法律工作者，你一定会面对更多的挑战、更多的压力，但是我们请你持守当初的梦想，永远不要放弃。

人生短暂，不过区区三万多天。我们每天都在走向人生的终点，对于每个人而言，我们最宝贵的财富就是时间。

感谢所有参加法考的朋友，感谢你愿意用你宝贵的时间去助力中国的法治建设。

我们都在借来的时间中生活。无论你是基于何种目的参加法考，你都被一只无形的大手抛进了法治的熔炉，要成为中国法治建设的血液，要让这个国家在法治中走向复兴。

数以万计的法条，盈千累万的试题，反反复复的训练。我们相信，这种貌似枯燥机械的复习正是对你性格的锤炼，让你迎接法治使命中更大的挑战。

亲爱的朋友，愿你在考试的复习中能够加倍地细心。因为将来的法律生涯，需要你心思格外的缜密，你要在纷繁芜杂的证据中不断搜索，发现疑点，去制止冤案。

亲爱的朋友，愿你在考试的复习中懂得放弃。你不可能学会所有的知识，抓住大头即可。将来的法律生涯，同样需要你在坚持原则的前提下有所为、有所不为。

亲爱的朋友，愿你在考试的复习中沉着冷静。不要为难题乱了阵脚，实在不会，那就绕道而行。法律生涯，道阻且长，唯有怀抱从容淡定的心才能笑到最后。

法律职业资格考试不仅仅是一次考试，它更是你法律生涯的一次预表。

我们祝你顺利地通过考试。

不仅仅在考试中，也在今后的法治使命中——

不悲伤、不犹豫、不彷徨。

但求理解。

厚大®全体老师　谨识

前言 FOREWORD

虽然我不建议大家淹没在题海中，但适量的练习又是必不可少的。在以往的培训中，我们往往会有这样的疑惑，明明上课感觉很不错，各个知识点也都掌握、领会了，可为什么拿到题目仍感觉很陌生？如何使掌握的知识转化为解题的能力？我们深深感受到即时复习、即时解惑的重要性，是以进一步加深课堂知识，这就是我编写这本训练题的宗旨。

关于本书 2024 版的三点说明：

1. 本书的体例顺序与 2024 年《背诵卷·商经法 92 图表》基本一致。

2. 本书仅包括客观题，共计 108 道题，均为不定项选择题。（主观题部分另有"主观题学习包"配套图书）

3. 本书的使用时间，建议是 2024 年 8~9 月份。

法考，是注定孤独的旅行，在希望中踽踽前行，路上少不了退缩和困顿，但，那又怎样？你将证明这是谁的时代！

最后，祝各位考生朋友心想事成，法考成功！你就是 2024 年的过儿！

扫一扫微博，关注萱姑

听萱姑讲商经法　稳稳当当过法考

鄢梦萱
2024 年 6 月 30 日

缩略语对照表

九民纪要	全国法院民商事审判工作会议纪要
公司法解释	最高人民法院关于适用《中华人民共和国公司法》若干问题的规定
担保制度解释	最高人民法院关于适用《中华人民共和国民法典》有关担保制度的解释
破产法解释	最高人民法院关于适用《中华人民共和国企业破产法》若干问题的规定
票据纠纷规定	最高人民法院关于审理票据纠纷案件若干问题的规定
保险法解释	最高人民法院关于适用《中华人民共和国保险法》若干问题的解释
劳动争议解释	最高人民法院关于审理劳动争议案件适用法律问题的解释
反不正当竞争法解释	最高人民法院关于适用《中华人民共和国反不正当竞争法》若干问题的解释

目 录

第1编 商主体法

第1讲 公司法 ······ 1
- 专题1 公司的一般规则 ······ 1
- 专题2 股东的一般规则 ······ 6
- 专题3 董事、监事与高级管理人员 ······ 10
- 专题4 股份公司、上市公司、国家出资公司 ······ 11
- 答案及解析 ······ 12

第2讲 其他商主体法 ······ 27
- 专题5 合伙企业法 ······ 27
- 专题6 个人独资企业与外商投资 ······ 30
- 答案及解析 ······ 32

第2编 商行为法

第3讲 破产法 ······ 37
- 专题7 破产法总论 ······ 37
- 专题8 破产法分论-重整、和解、破产清算程序 ······ 40
- 答案及解析 ······ 42

第4讲 票据法

专题9　票据法律制度 ·· 47

答案及解析 ·· 49

第5讲 保险法

专题10　保险法律制度 ·· 51

答案及解析 ·· 54

第6讲 证券业法律制度与信托法律制度

专题11　证券业法律制度与信托法律制度 ································ 58

答案及解析 ·· 61

第3编　知识产权法

第7讲 著作权法

专题12　著作权法律制度 ·· 65

答案及解析 ·· 68

第8讲 专利法

专题13　专利法律制度 ·· 73

答案及解析 ·· 75

第9讲 商标法

专题14　注册商标法律制度 ·· 77

答案及解析 ·· 79

第4编　劳动与社会保障法

第10讲 劳动法律关系

专题15　劳动合同的法律制度 ·· 82

答案及解析 ·· 87

第 11 讲　社会保险与军人保险法律关系 ································· 92

　　专题 16　社会保险、军人保险法律制度 ································ 92

　　答案及解析 ··· 93

第 5 编　经济法与环境资源法

第 12 讲　经济法 ··· 95

　　专题 17　竞争法律制度 ··· 95

　　专题 18　消费者权益保护法律制度 ······································ 96

　　专题 19　商业银行与银行业监督管理 ·································· 101

　　专题 20　税收征纳实体法 ··· 102

　　专题 21　税收征收管理法律制度、审计法律制度 ·················· 104

　　专题 22　土地权属法律制度 ·· 105

　　答案及解析 ··· 108

第 13 讲　环境资源法 ··· 123

　　专题 23　环境保护法律制度 ·· 123

　　答案及解析 ··· 126

答案速查表 ·· 130

第1讲 公司法

专题 1 公司的一般规则

1. 甲公司、乙公司、刘某共同组建萱草贸易有限责任公司，公司注册资本为 100 万元，刘某和乙公司出资均为 10 万元，甲公司出资 80 万元。章程规定各股东先缴纳 1/2 出资，其余部分在公司成立 2 年内缴清。在完成首次出资后，萱草公司成立，并由甲公司委派高某担任萱草公司的总经理。后在甲公司的授意下，高某擅自调用萱草公司的大部分资金用于甲公司的另一子公司的项目，并且不作财务记载。请回答（1）~（3）题：

(1) 对"有限责任"的理解，下列选项正确的是：（　　）

A. 萱草公司以 100 万元注册资本为限对萱草公司的债务承担清偿责任

B. 刘某以实缴资本金 5 万元为限对萱草公司的债务承担清偿责任

C. 高某对萱草公司的债务承担清偿责任

D. 刘某以认缴资本金 10 万元为限对萱草公司的债务承担清偿责任

[考 点] 公司的法人性；股东有限责任原则

(2) 依据有限责任原则，一般情形下，债权人不能直接向公司的股东求偿。但若股东滥用公司法人独立地位和股东有限责任，逃避债务，严重损害公司债权人利益的，应当对公司债务承担连带责任。当萱草公司不能清偿债务时，下列哪种情况下，债权人可以主张萱草公司的股东承担连带责任？（　　）

A. 萱草公司在分配 2023 年年度利润时，先向股东分配利润但没有归还到期债务

B. 萱草公司董事会一直拒绝召开股东会研究债务清偿问题

C. 股东刘某未能按期缴纳出资款项

D. 萱草公司陷入经营困境，有证据证明是由于萱草公司大部分资产被股东甲公司挪用

[考 点] 公司人格否认；公司债务的清偿

（3）2024年8月，债权人华新公司在要求萱草公司偿还到期货款时，发现萱草公司的资产不足以清偿。华新公司还可以要求谁承担清偿责任？（　　）

A. 甲公司、乙公司、刘某应当对华新公司承担连带清偿责任

B. 甲公司、乙公司、刘某应当按出资比例对华新公司承担清偿责任

C. 华新公司可要求追加甲公司为被执行人

D. 华新公司提起公司人格否认诉讼的，应当列萱草公司和甲公司为共同被告

[考　点] 公司人格否认；公司债务的清偿

2. 2024年5月，向小甲、张大翔拟共同出资成立"萱美味"食品加工有限责任公司。现在公司筹备中出现下列情况。请回答（1）（2）题：

（1）在萱美味公司领取营业执照之前，向小甲以"萱美味公司筹建处"的名义与乙厨房设备厂签订了2台烤箱的购销合同（合同一）；张大翔以自己的名义和甲中介公司签订了租赁房屋合同（合同二），将该房屋作为公司筹备期间的办公场所。若萱美味公司成立，关于上述合同的效力和责任，下列哪些表述是正确的？（　　）

A. 萱美味公司成立后，发现采购烤箱中的1台烤箱系向小甲自用，公司可主张就该台烤箱不承担合同责任

B. 如果乙厂是向小甲的弟弟所开办的个人独资企业，萱美味公司应在支付2台烤箱价款后，向向小甲追偿

C. 萱美味公司成立后，甲中介公司有权要求萱美味公司承担租金责任

D. 萱美味公司成立后，甲中介公司仍有权要求张大翔承担租金责任

[考　点] 设立责任

（2）关于萱美味公司的设立，下列哪些表述是正确的？（　　）

A. 章程约定股东认缴出资需在公司成立之日起3年内缴足

B. 在本市设立分公司无需再申请设立登记

C. 公司的法定代表人只能由向小甲、张大翔中的一人担任

D. 公司可以对法定代表人的职权进行限制，但不得对抗善意相对人

[考　点] 设立条件

3. 萱草有限责任公司共有8名股东，其中，甲公司持有22%的股权，大翔持有45%的股权并担任董事长，栗子持有3%的股权，其余股东持有余下的股权。请回答（1）（2）题：

（1）为扩展公司业务，大翔提议召开股东会，讨论与厚天公司合并事项。因栗子持股比例太低，忘记通知他参会。会议召开前3天，栗子自其他股东处得知此事，自

行到会。最终萱草公司股东会以 67% 的表决权通过了合并决议，但栗子以未接到会议通知、损害自己的股东权利为由，拒绝在决议上签字。关于该纠纷，下列说法正确的是：（　　）

A．该股东会作出的合并决议是有效决议
B．栗子有权要求萱草公司以合理的价格收购自己的股权
C．未通知股东参会，作出的股东会决议是可撤销决议
D．栗子自知道或者应当知道股东会决议作出之日起 60 日内，可请求撤销该决议

[考 点] 公司决议效力

(2) 2024 年，甲公司向 A 银行贷款 3000 万元，萱草公司为该笔贷款提供担保。A 银行要求萱草公司提供相关证明。现查明，萱草公司未召开股东会，所提交给 A 银行的全体股东一致同意提供担保的决议系伪造其他股东签名。A 银行据此决议和萱草公司签订了担保合同。现甲公司不能清偿 A 银行的债务。对此，下列哪些说法是正确的？（　　）

A．该担保决议是无效的决议
B．该担保决议是未成立的决议
C．A 银行未尽到合理审查义务，该担保合同对萱草公司不发生效力
D．A 银行可请求萱草公司承担赔偿责任

[考 点] 公司决议效力（担保决议）

4． 公积金，是指公司为增强自身财产能力，扩大生产经营和预防意外亏损而提取的款项。萱草股份公司在近年经营中涉及公司公积金的提取、使用以及公司利润分配等一系列财务问题。请回答（1）~（3）题：

(1) 萱草股份公司注册资本为 3000 万元，2018 年，公司账面亏损 3000 万元；2019 年，扭亏为盈，利润达 7000 万元；2019 年年底，公司决定分配利润。就此次利润分配，下列选项正确的是：（　　）

A．萱草公司应先弥补亏损和提取法定公积金 400 万元
B．萱草公司提取法定公积金的上限为利润的一半，即 3500 万元
C．经股东会决议，萱草公司可提取任意公积金 1000 万元
D．除非全体股东一致同意，萱草公司应按照股东实缴的出资比例分配利润

[考 点] 法定公积金；公司利润分配

(2) 2023 年，萱草股份公司有注册资本 3000 万元，法定公积金 1000 万元，任意公积金 500 万元。萱草公司拟以公积金 500 万元增资派股。下列哪些方案符合法律规

定？（　　）

A. 将法定公积金 500 万元转为公司资本

B. 将任意公积金 500 万元转为公司资本

C. 将法定公积金 200 万元、任意公积金 300 万元转为公司资本

D. 将法定公积金 300 万元、任意公积金 200 万元转为公司资本

[考 点] 公司利润分配（公积金）

（3）2024 年 6 月，萱草股份公司增发新股、扩大资本规模。这次为公开发行无面额股，新股发行所得股款为 1 亿元。则：（　　）

A. 应当至少将 5000 万元计入公司注册资本

B. 发行无面额股所得股款未计入注册资本的金额，应当列为公司资本公积金

C. 萱草公司应当提取利润的 10% 列入资本公积金，累计额达到公司注册资本的 50% 的，可以不再提取

D. 资本公积金只能用于扩大公司生产经营或者转为增加公司注册资本，不得用于弥补公司亏损

[考 点] 资本公积金

5. 2021 年，萱草有限公司出现下列哪些情况时，持有该公司全部股东表决权 10% 以上的股东，可以提起解散公司的诉讼？（　　）

A. 公司自 2018 年至今无法作出有效的股东会决议，但公司经营情况良好

B. 董事会以涉及商业秘密为由拒绝股东查账，高云认为损害了自己的知情权

C. 现有董事个人之间积怨很深，公司股东会无法调和，导致公司陷入经营管理困境

D. 章程规定公司经营期限到 2019 年 8 月，现公司通过股东会修改章程延期到 2039 年，刘小飞反对该决议

[考 点] 公司解散（公司僵局的认定）

6. 甲制药股份公司因为假疫苗事件被判处高额罚金，董事长、总经理及财务总监均被捕，公司陷入经营困境。至 2023 年，甲公司股东会连续 2 年无法作出任何有效决议，公司经营管理发生严重困难。请回答（1）（2）题：

（1）关于本案，下列解决方式符合法律规定的是：（　　）

A. 张东持有甲公司 12% 的股权，他可以提起解散公司诉讼，并可同时申请法院对公司进行清算

B. 第一大股东中兴公司恶意操控甲公司，张东提起解散甲公司之诉时，可以将中兴公司列为共同被告

C. 张东提起解散公司诉讼时，向法院申请财产保全的，法院应予以保全

D. 甲公司被法院判决解散的，在清算时有关该公司的民事诉讼，应当以甲公司为被告

[考点] 公司解散（股东请求法院解散公司）

(2) 甲公司被法院判决解散，就公司清算过程中所作的下列处理，符合法律规定的是：（　　）

A. 为了保证职工的利益，清算组制定的清算方案应当报职工代表大会确认

B. 甲公司董事恶意处置公司财产的，甲公司债权人可主张其应当承担赔偿责任

C. 清算组经职工代表大会同意，决定将甲公司所有的职工住房优惠出售给职工，并允许以部分应付购房款抵销甲公司所欠职工工资和劳动保险费用

D. 清算期间，由于市场突然变动，甲公司库存的原材料行情大涨，现清算组抓紧时机与另一公司签订了销售合同

[考点] 公司清算

7. 甲、乙、丙为 B 公司股东，公司未设董事会，甲持股 80% 并为执行董事。B 公司欠 A 公司到期货款 500 万元未还。2022 年 12 月，B 公司被吊销营业执照，但至今仍未组织清算，甲携带公司账簿和印章下落不明，公司财物多次被债权人哄抢，乙和丙虽多次报警，但无法追回，B 公司章程对清算事项没有规定。关于本案，下列哪些说法是正确的？（　　）

A. 全体股东是 B 公司清算义务人

B. 仅有甲是 B 公司清算义务人

C. A 公司可主张全体股东对该笔债务承担赔偿责任

D. A 公司可主张甲对该笔债务承担赔偿责任

[考点] 公司清算（清算义务人的责任）

8. 大萱美容产品有限公司共有两名股东，分别为小敏和大敏。小敏是大萱公司的执行董事兼总经理，同时是小萱公司的股东、监事。2018 年，大萱公司与小萱公司签订《经销商合同书》，授权小萱公司为大萱公司生产的黑金美容面膜的 A 市独家经销商。2019 年 8 月，股东大敏向大萱公司的监事发函，称发现小萱公司仅为市级经销商，但享有省级经销商的价格优惠待遇，并且大萱公司无条件承担小萱公司全部市场经营费用，条件远远优于其他同类经销商。于是大敏请求监事向法院提起诉讼。但是，监事函复大敏，称小敏作为法定代表人，签订《经销商合同书》未超出章程授予的职权范围，并且该事项经过了股东会合法表决通过，程序上并无瑕疵，故拒绝起诉。就该案的分析，下列哪些说法是正确的？（　　）

A. 本案应定性为公司关联交易损害责任纠纷

B. 该笔交易程序合法，公司的损失属于正常经营风险，故小敏无需对大萱公司承担赔偿责任

C. 本案程序正当，大敏无权提起股东代表诉讼

D. 本案损害公司利益，大敏有权提起股东代表诉讼

[考 点] 关联交易纠纷；股东代表诉讼

9. A公司向乙借款1000万元。双方签订《借款合同补充协议》，约定为了保证上述1000万元借款能够得以清偿，A公司将其持有的B公司的全部股权变更至乙名下，但双方均承认该笔股权转让的目的是保证乙的1000万元债权的实现，并约定若A公司到期不能还清债务，乙有权出售股权并优先受偿。现A公司和B公司均因为经营不善无法清偿到期债务。关于本案的处理，下列哪一选项是合法的？（ ）

A. 若A公司超过出资期限未全面履行对B公司的出资义务，则B公司的债权人可以要求乙与A公司承担连带赔偿责任

B. 该笔股权转让已经进行股权转让登记，A公司不能清偿时，乙有权取得该股权的所有权

C. 该笔股权转让已经进行股权转让登记，乙有权参加B公司的股东会并行使股东权

D. 若该笔股权转让未进行股权转让登记，则乙不能就该笔股权拍卖变价款优先受偿

[考 点] 股权让与担保

专题 2 股东的一般规则

10. 2022年8月，甲、乙、丙、张某、李某、王某、刘某约定各出资40万元设立萱草有限公司，甲是筹备负责人，承担主要设立事务并担任董事长。请回答（1）~（4）题：

(1) 萱草公司在拟订章程时约定了股东的出资方式。下列出资方式合法的是：（ ）

A. 张某以40万元到期债权出资

B. 李某以其获得的某知名品牌特许经营权出资

C. 乙以保险金额为40万元的保险单出资

D. 丙以一处设定了抵押担保的房屋出资

[考 点] 股东的出资

(2) 因王某只有20万元，遂与刘某约定，由刘某为其垫付出资20万元。公司设立时，刘某以价值40万元的房屋作价60万元骗得验资。后债权人发现萱草公司注册资本不实。欠缴的20万元出资，应如何补交？（ ）

A. 应由王某补交 20 万元，刘某承担连带责任

B. 应由刘某补交 20 万元，王某承担连带责任

C. 应由王某、刘某各补交 10 万元，其余股东承担连带责任

D. 应由王某补交 20 万元，其余股东承担连带责任

[考 点] 股东出资责任

(3) 现查明，股东甲以其从华强公司租赁的一套设备作为出资，作价 8 万元，该设备已经交付给萱草公司使用，其他股东对租赁一事均不知情。后设备租期届满，华强公司要求收回该套设备，萱草公司不同意，遂产生纠纷。就该案，下列处理正确的是：（　）

A. 甲以租赁设备出资，该出资无效

B. 甲以租赁设备出资，未经华强公司追认，该出资行为效力待定

C. 华强公司有权取回该套设备

D. 华强公司无权取回该套设备

[考 点] 出资方式（无权处分）

(4) 萱草公司章程规定，股东应在公司成立 1 年内（2023 年 8 月之前）缴纳全部出资。2024 年 1 月，经董事会核查，李某尚差 8 万元出资未缴纳。下列处理哪些是正确的？（　）

A. 一旦发现股东未按期足额缴纳出资，公司即可以向该股东书面催缴

B. 一旦发现股东未按期足额缴纳出资，公司即可以向该股东发出失权通知

C. 自公司失权通知发出之日起，即使李某对失权有异议，李某仍丧失未缴纳出资的股权

D. 李某对失权有异议，向法院提起诉讼的，自法院作出除权判决之日起，李某丧失未缴纳出资的股权

[考 点] 出资瑕疵的处理（董事会催缴；股东失权）

11. 萱草公司成立后，对其下列行为的定性或者处理，符合《公司法》规定的是：（　）

A. 公司董事会一致同意减少公司注册资本，减资款项按照当初的出资比例向股东返还

B. 公司股东会通过决议制作虚假财务会计报表虚增利润进行分配，构成抽逃出资

C. 张某代垫 3 万元协助乙出资设立公司，公司成立后，乙以公司的名义与张某签订购买 3 万元打印设备的合同，但经查，张某从未经营过该项目，也未打算履行该合同，股东乙和张某需要对该公司承担连带补足责任

D. 股东丙以自己私有的一套设备出资，现因个人债务擅自将其转让给他人，构成抽逃出资

[考 点] 抽逃出资的认定

12. 宏远有限责任公司注册资本为1000万元，甲、乙、丙、丁各持股25%。按公司章程规定，各股东应在2025年1月前缴足出资。2022年6月，甲经乙、丙、丁同意，将全部股权作价20万元转让给魏某，就甲尚未履行完的出资部分，由魏某依据章程所定时间缴足。随后，宏远公司因经营不善，营业收入大幅降低。2023年年底，宏远公司拖欠东方公司到期货款300万元不能清偿。关于本案，下列哪些处理是正确的？（　　）

A. 宏远公司不能清偿该到期债务的，为了保护债权人利益，其股东出资加速到期

B. 在宏远公司无财产可执行时，东方公司只能通过宏远公司的破产程序来受偿

C. 转让人甲无过错，故其无需对魏某未按期缴纳的出资承担补充责任

D. 只要魏某未按期足额缴纳出资，转让人甲就应当对魏某未按期缴纳的出资承担补充责任

[考点] 未届出资期限的股东责任

13. 李某、张某、汪某、孙某向甲股份公司（非公开发行股份公司）书面请求查阅公司会计账簿，但均被甲公司拒绝。下列哪些拒绝理由能得到法院支持？（　　）

A. 李某持股比例1%，并且连续持股90日，要求查阅甲公司的会计账簿

B. 张某持股比例7%，同时担任乙公司董事，乙公司与甲公司均在本市从事海鲜批发业务

C. 汪某持股比例15%，同时正在和乙公司洽谈股权转让事宜，为了评估股权价格，汪某提出查阅甲公司的会计账簿

D. 孙某持股比例3%，并且连续持股1年，要求查阅甲公司的会计账簿，甲公司章程规定，持股比例不足10%的股东无查阅权

[考点] 股东查阅、复制权

14. 萱草有限公司在经营过程中，发生下列股权转让事项，公司章程对股权转让没有特殊规定。请回答（1）~（4）题：

（1）2015年，股东魏某急需用钱，拟将其持有的股权的20%转让给外人高云。下列哪一选项说法是正确的？（　　）

A. 另一股东大翔可主张同等条件下优先购买魏某转让股权的10%

B. 魏某在大翔主张优先购买权后反悔的，大翔仍可继续主张以同等条件优先购买转让的股权

C. 魏某未告知其他股东即与高云签订股权转让合同，其他股东仅可主张《股权转让合同》无效

D. 若魏某和他人恶意串通转让股权，自股权变更登记之日起超过1年，其他股东不

再享有优先购买权

[考 点]（有限公司）股权转让

（2）2016年年初，股东向某将20%的股权转让给刘某，二人签订了股权转让协议并变更了股东名册，但因董事殷某疏忽，未办理股权变更登记。同年8月，向某因为急需用钱，又以更高的价格将上述股权转让给不知情的栗子，并办理了股权变更登记。刘某得知后强烈反对。关于该次转让股权的纠纷，下列哪些说法是正确的？（　　）

A. 栗子可善意取得向某的股权

B. 刘某以自己对于股权享有实际权利为由，可主张该次处分股权行为无效

C. 向某处分股权造成刘某损失的，刘某有权请求向某承担赔偿责任

D. 向某处分股权造成刘某损失的，刘某有权请求殷某承担连带责任

[考 点]股权无权转让纠纷

（3）2020年，萱草有限公司变更为萱草股份公司（未公开发行股份）。因被大股东殷某操纵，2022年，股东会通过了一系列股东高云不赞成的决议，高云因此萌生了要退出公司的想法。下列何种情形下，高云可以要求公司收购股权？（　　）

A. 股东会决议为了扩大生产规模，本年度不向股东分配利润

B. 萱草公司拟收购甲企业，股东会表决时，高云认为对甲企业的经营状况不够了解，放弃了表决权

C. 章程规定的解散事由出现时，考虑到萱草公司仍然处于盈利状态，股东会决议公司存续，高云投了反对票

D. 股东会通过决议，为殷某的借款提供担保，高云非常不满，对该决议投了反对票

[考 点]股份公司收购情形

（4）2024年，萱草股份公司符合公开发行股份的条件，其股票上市交易。在公司上市后，下列主体准备转让股份，其中哪项说法符合法律规定？（　　）

A. 萱草公司公开发行股份前已发行的股份，自公司上市之日起即可以对外转让

B. 实际控制人刘某在公司上市后即将股份质押给甲公司，期限为8个月，甲公司到期即可行使质权

C. 公司董事和高级管理人员离职后即可转让其所持有的本公司股份

D. 章程规定在公开发行股份前持有超级投票权的董事在公司上市3年内不得转让其股份

[考 点]（股份公司）股份转让

专题 ③ 董事、监事与高级管理人员

15. 萱草股份公司章程规定董事人数为18人，现因辞职等原因导致人数减为12人。2023年，董事会讨论了三项议案：①以公司的名义向甲制药厂（普通合伙企业）投资400万元；②审议收购乙公司资产的未付价款暂停支付的决议；③制订本公司下年度财务预算方案和公司增加注册资本的议案。同年，总经理栗子将公司的主要业务低价承包给自己的朋友，给公司带来重大损失。请回答（1）~（3）题：

(1) 萱草公司拟补充董事会、监事会人员，遂向公司法律顾问咨询。法律顾问的下列哪一项回答是合法的？（　　）

   A. 法律顾问认为董事人数不足，已经触发召开临时股东会条件

   B. 高某2年前被任命为一家国有企业的厂长，上任仅3个月，该企业被宣告破产，法律顾问认为高某可以担任萱草公司董事

   C. 刘某设立的某个人独资企业无力清偿大额债务，刘某被法院列为失信被执行人，法律顾问认为该债务并非刘某的个人债务，不影响其担任萱草公司董事

   D. 魏某为萱草公司大股东百草集团的财务总监，法律顾问认为魏某不得担任萱草公司监事

[考 点] 股东会议规则；董监高的任职资格

(2) 萱草公司董事会审议批准了上述三个议案，后在决议施行的过程中，造成了重大损失。对此，下列哪一选项符合《公司法》的规定？（　　）

   A. 因向甲制药厂投资需要承担连带责任，故该决议无效

   B. 通过的收购乙公司资产的未付价款暂停支付的决议是有效决议

   C. 制订萱草公司下年度财务预算方案和公司增加注册资本的决议无效

   D. 参与决议的董事应当对公司负赔偿责任

[考 点] 董事会的职权；董事的赔偿责任

(3) 总经理栗子将公司的主要业务低价承包给自己的朋友，给公司带来重大损失。但慑于栗子的权力，董事会迟迟不予追究。就萱草公司的上述损失，股东采取了一系列救济措施。据此，下列说法正确的是：（　　）

   A. 李某于2024年才成为公司股东，其无权就该纠纷提起股东代表诉讼

   B. 股东张某发现公司合法权益受到侵害的，可以直接向法院提起诉讼

   C. 若张某胜诉，可请求萱草公司承担合理的律师费以及为诉讼支出的调查费等费用

   D. 在上述股东代表诉讼中，栗子以萱草公司违约为由，可对提起诉讼的股东提出

反诉

[考 点] 对内部人损害公司利益的救济程序（股东代表诉讼）

专题 ④ 股份公司、上市公司、国家出资公司

16. 萱草股份公司成立于2010年，随着生产经营规模的扩大，经过多轮融资后，于2023年1月公开发行股份并上市交易。在公司历年融资中，既发行了普通股，也发行了与普通股权利不同的类别股。下列向特定投资对象发行的股份，哪些符合现行《公司法》的规定？（　　）

A. 2021年发行向普通股股份分配利润之前优先派发股息的股份

B. 2022年发行等于每份普通股的表决权数量3倍的股份

C. 2023年发行当公司破产清算时对公司剩余财产分配的权利先于普通股股东的股份

D. 2024年发行没有表决权仅有分红权的股份

[考 点] 股份发行

17. 2015年，林某和杨某签订了《股权代持协议》，约定杨某出资320万元，由林某代其持有萱草股份公司80万股，该股份委托林某管理，林某根据杨某的指示处分股份，将收益及时全部交付给杨某，对外以林某的名义行使股东权利。2017年，萱草股份公司在上海证券交易所首次公开发行股票并上市交易。在公司信息披露中，林某隐瞒了真实投资人（杨某）的身份，其被列为公司前十大流通股股东。之后因股票价格大幅波动，林某和杨某对《股权代持协议》的效力和收益分配发生纠纷。请回答(1)(2)题：

(1) 关于双方签订的《股权代持协议》的效力认定，下列哪些判断是正确的？（　　）

A. 《股权代持协议》体现了双方真实意思表示，应属有效

B. 《股权代持协议》违反了上市公司真实披露信息的义务，应属无效

C. 双方的委托投资关系体现了双方真实意思表示，应属有效

D. 双方的委托投资关系以《股权代持协议》有效性为前提，若《股权代持协议》无效，则委托投资当属无效

[考 点] 上市公司股权代持协议（效力）

(2) 若《股权代持协议》被认定为无效，下列哪些主张能得到法院支持？（　　）

A. 本案林某是股东，享有80万股的股东权利

B. 因《股权代持协议》无效，杨某有权请求变更股东登记，将股份过户到自己名下

C. 因《股权代持协议》无效，行为人因该行为取得的财产应当予以返还，故杨某有权请求林某退还320万元款项及利息

D. 杨某有权请求分割对应股权数量的委托投资利益

[考点] 上市公司股权代持协议（处理）

18. 萱草有限公司是本市粮食销售龙头企业，2024年，企业员工达到400余人，公司董事会共有张某等10名董事。公司章程中明确："股东会选举和更换董事并决定报酬事项。"依据2023年《公司法》的规定，下列关于萱草公司组织机构，哪些说法是正确的？（　　）

A. 萱草公司董事会成员中应当有公司职工代表

B. 萱草公司决定在董事会中设置审计委员会，并决议取消监事会，也不再设置监事

C. 召开本年度董事会会议，应当有超过6人出席，董事会作出决议应当经出席会议董事的过半数通过

D. 董事张某由股东会选举，他欲辞去董事职务，也应经股东会批准

[考点] 公司组织机构

19. 中国A集团有限公司由国家单独出资，在公司董事会中设置了由董事组成的审计委员会。下列关于其组织机构和公司治理的表述，哪些符合《公司法》的规定？（　　）

A. A公司中中国共产党的组织，按照党章的规定发挥领导作用，研究讨论公司重大经营管理事项

B. A公司的董事会成员中必须有外部董事

C. 经公司董事会同意，A公司董事会成员可以兼任公司经理

D. A公司无需设监事会，也无需设监事

[考点] 国家出资公司

答案及解析

1. (1) [考点] 公司的法人性；股东有限责任原则

[答案] D

[解析] 有限责任原则，是指有限责任公司的股东以其认缴的出资额为限对公司承担责任。该原则解决的是"股东与公司债务清偿"的关系。

A选项错误。公司以其全部财产对公司的债务承担责任，而不是以"注册资本"

为限对公司债务负责。同时,公司是独立法人,公司对公司债务的清偿并不属于"有限责任原则"的范围。

B选项错误,D选项正确。股东不是以"实缴"的出资额,而是以各自认缴的出资额为限对公司的债务负责。

C选项错误。高某并非公司股东,只是公司的总经理,无需对公司债务承担连带责任。

(2) [考点] 公司人格否认;公司债务的清偿
[答案] D
[解析] A、B选项不当选。虽然该两个选项中股东均有滥用权利的行为,但并非"滥用公司法人独立地位",并未否认公司的独立性。

C选项不当选。未缴纳或未足额缴纳出资的股东就公司的债务向债权人承担补充赔偿责任,而非连带责任。

D选项当选。股东挪用公司资产,属于典型的"股东滥用公司法人独立地位"的情形,并且公司不能清偿到期债务,严重损害了公司债权人利益,所以股东应当对公司的债务承担连带责任。

(3) [考点] 公司人格否认;公司债务的清偿
[答案] D
[解析] A、B选项不当选。公司股东滥用公司法人独立地位和股东有限责任,逃避债务,严重损害公司债权人利益的,应当对公司债务承担连带责任。(《公司法》第23条第1款)本题仅显示股东甲公司滥用公司法人独立地位,故仅应当由甲公司对华新公司承担连带责任。

C选项不当选。是否构成公司法人人格否认,需要经过法院认定,故直接要求追加股东甲公司为被执行人是错误的。

D选项当选。人民法院在审理公司人格否认纠纷案件时,应当根据不同情形确定当事人的诉讼地位:(《九民纪要》第13点)
❶债权人对债务人公司享有的债权已经由生效裁判确认,其另行提起公司人格否认诉讼,请求股东对公司债务承担连带责任的,列股东为被告,公司为第三人。
❷债权人对债务人公司享有的债权提起诉讼的同时,一并提起公司人格否认诉讼,请求股东对公司债务承担连带责任的,列公司和股东为共同被告。
❸债权人对债务人公司享有的债权尚未经生效裁判确认,直接提起公司人格否认诉讼,请求公司股东对公司债务承担连带责任的,人民法院应当向债权人释明,告知其追加公司为共同被告。债权人拒绝追加的,人民法院应当裁定驳回起诉。

2.（1）考点 设立责任

答案 CD

解析 A选项错误。虽然烤箱是"为自己的利益"采购的，但若相对人（乙厂）善意，萱美味公司也应当承担合同责任。A选项缺乏判断相对人主观善恶的条件。（《公司法解释（三）》第3条第2款规定："公司成立后有证据证明发起人利用设立中公司的名义为自己的利益与相对人签订合同，公司以此为由主张不承担合同责任的，人民法院应予支持，但相对人为善意的除外。"）

B选项错误。可推定乙厂"知情"，并非善意相对人。并且，该烤箱是发起人"为自己的利益"采购的，故萱美味公司可以主张不承担合同责任。B选项的错误为公司先承担合同责任再向发起人追偿。

C、D选项正确。以"设立人自己的名义"签订合同的，该类合同的相对人（甲中介公司）有选择权，可以选择由萱美味公司或者发起人承担合同责任。（《公司法》第44条第3款）

（2）考点 设立条件

答案 AD

解析 A选项正确。有限公司的注册资本为在公司登记机关登记的全体股东认缴的出资额，由股东按照公司章程的规定，自公司成立之日起5年内缴足。A选项中章程约定3年内缴足符合公司法的规定。

B选项错误。公司设立分公司，应当向公司登记机关申请登记，领取营业执照。（《公司法》第38条）

C选项错误。法定代表人并非必须从股东中产生。公司的法定代表人按照公司章程的规定，由代表公司执行公司事务的董事或者经理担任。（《公司法》第10条第1款）

D选项正确。法定代表人以公司名义从事的民事活动，其法律后果由公司承受。公司章程或者股东会对法定代表人职权的限制，不得对抗善意相对人。（《公司法》第11条第1、2款）

3.（1）考点 公司决议效力

答案 A

解析 A选项正确。虽然该次股东会未通知栗子，属于召集程序瑕疵，但因栗子实际参会，并未阻碍其实际行使表决权，故会议召集程序可认定为"仅有轻微瑕疵，对决议未产生实质影响"，该决议有效。（《公司法》第26条第1款）

B选项错误。栗子并非反对公司合并，而是对会议召集通知程序不满，不符合公司收购股权的法定事由。（《公司法》第89条第1款第2项）

C、D选项错误。由于是程序轻微瑕疵，因此该决议应认定为有效，而非"可撤销"。

(2) [考点]公司决议效力（担保决议）
[答案]BCD
[解析] ❶决议效力问题

A选项错误，B选项正确。根据《公司法》第27条第1项的规定，未召开股东会、董事会会议作出决议的，性质为"决议不成立"。另外，本题的决议内容为"提供担保"，该决议内容不违法，不属于"无效决议"。

❷担保合同效力问题

C选项正确。公司为公司股东提供担保的，应当经股东会决议，并且该项表决由出席会议的其他股东所持表决权的过半数通过。（《公司法》第15条第2、3款）本题中，A银行虽然审查了股东会决议，但未审查"是否排除被担保股东甲公司"，因此难以认定A银行已经进行了合理审查。

D选项正确。本题中，根据《担保制度解释》第17条第1款第1项的规定，主合同有效而第三人提供的担保合同无效，债权人与担保人均有过错的，担保人承担的赔偿责任不应超过债务人不能清偿部分的1/2。可知，虽然萱草公司不承担担保责任，但其仍需承担过错赔偿责任。

4. (1) [考点]法定公积金；公司利润分配
[答案]C
[解析] A选项错误。利润（7000万元）弥补以前的亏损（3000万元）后，所余利润还应纳税，税后利润的10%提取法定公积金。A选项未考虑"税后利润"；故错误。

B选项错误。法定公积金的上限为"注册资本的50%以上"，而非"利润的一半"。

C选项正确。法律对任意公积金没有限制，是否提取以及提取多少均交由股东会决议。

D选项错误。本题是股份公司类型，应是"公司章程另有规定的除外"，而非"全体股东另有约定除外"。（提示：有限责任公司为"全体股东另有约定除外"）

法条链接：

《公司法》第210条　公司分配当年税后利润时，应当提取利润的10%列入公司法定公积金。公司法定公积金累计额为公司注册资本的50%以上的，可以不再提取。

公司的法定公积金不足以弥补以前年度亏损的，在依照前款规定提取法定公积金之前，应当先用当年利润弥补亏损。

公司从税后利润中提取法定公积金后，经股东会决议，还可以从税后利润中提取任意公积金。

公司弥补亏损和提取公积金后所余税后利润，有限责任公司按照股东实缴的出资比例分配利润，全体股东约定不按照出资比例分配利润的除外；股份有限公司按照股东所持有的股份比例分配利润，公司章程另有规定的除外。

公司持有的本公司股份不得分配利润。

(2) [考点] 公司利润分配（公积金）

[答案] BC

[解析]《公司法》第214条第3款规定："法定公积金转为增加注册资本时，所留存的该项公积金不得少于转增前公司注册资本的25%。"本题留存的法定公积金最少为3000×25%=750万元。

A选项错误。（1000-500）<750，不符合法律的规定。

B选项正确。《公司法》对任意公积金转资数额没有限制。

C选项正确。将法定公积金200万元转为公司资本的，因（1000-200）>750，故可行。

D选项错误。将法定公积金300万元转为公司资本的，因（1000-300）<750，故不可行。

(3) [考点] 资本公积金

[答案] AB

[解析] A、B选项正确。《公司法》第142条第3款规定："采用无面额股的，应当将发行股份所得股款的1/2以上计入注册资本。"《公司法》第213条规定："公司以超过股票票面金额的发行价格发行股份所得的溢价款、发行无面额股所得股款未计入注册资本的金额以及国务院财政部门规定列入资本公积金的其他项目，应当列为公司资本公积金。"

C选项错误。资本公积金并非从公司利润中提取，该选项的两个比例均是针对"法定公积金"类型。

D选项错误。公积金弥补公司亏损，应当先使用任意公积金和法定公积金；仍不能弥补的，可以按照规定使用资本公积金。(《公司法》第214条第2款）可知，在符合特定条件下，资本公积金可以用于弥补公司亏损。

5. [考点] 公司解散（公司僵局的认定）

[答案] AC

[解析] A、C选项当选。公司持续2年以上无法作出有效的股东会决议、董事长期冲突，均符合公司经营管理机制失灵的情形，股东有权请求解散公司。(《公司法解释（二）》第1条第1款第2、3项)

B 选项不当选。由于提起解散公司诉讼的前提是形成"公司经营管理发生严重困难"的僵局状态，而 B 选项情形是股东"知情权"受到侵害，因此正确的解决途径是股东提出"知情权诉讼"，而非"解散公司诉讼"。

D 选项不当选。该选项情形属于"该死不死改章程"，异议股东有权请求公司收购其股权。(《公司法》第89条第1款第3项) D 选项股东请求解散公司，是错误的。

6. (1) [考点] 公司解散（股东请求法院解散公司）

[答案] D

[解析] A 选项不当选。解散和清算是两个不同的程序。《公司法解释（二）》第2条规定，股东提起解散公司诉讼，同时又申请人民法院对公司进行清算的，人民法院对其提出的清算申请不予受理。

B 选项不当选，错在"以其他股东为共同被告"。股东提起解散公司诉讼应当以公司为被告。(《公司法解释（二）》第4条第1款)

C 选项不当选。该项财产保全是有前提限制的，即"在股东提供担保且不影响公司正常经营的情形下，人民法院可予以保全"。(《公司法解释（二）》第3条)

D 选项当选。公司清算时法人资格尚未丧失。公司依法清算结束并办理注销登记前，有关公司的民事诉讼，应当以公司的名义进行。(《公司法解释（二）》第10条第1款)

(2) [考点] 公司清算

[答案] B

[解析] A 选项不当选。清算方案无需经职工代表大会确认。理论上，公司是由股东出资设立的，所以在公司清算时，股东享有最后财产分配请求权，清算组制订的清算方案，报股东会或者人民法院确认。(《公司法》第236条第1款)

B 选项当选。《公司法》第238条规定："清算组成员履行清算职责，负有忠实义务和勤勉义务。清算组成员怠于履行清算职责，给公司造成损失的，应当承担赔偿责任；因故意或者重大过失给债权人造成损失的，应当承担赔偿责任。"

C 选项不当选。清算期间出售职工住房，会产生新的债务，故不合法。并且，"应付职工工资"和"职工所欠购房款"属于两种性质不同的权利，二者属于不同的清算顺序，不能抵销。

D 选项不当选。清算期间，公司存续，但不得开展与清算无关的经营活动。(《公司法》第236条第3款)

7. [考点] 公司清算（清算义务人的责任）

[答案] BD

[解析] A选项错误，B选项正确。股东仅是公司出资人，并非公司经营管理人员，故2023年《公司法》将董事（而非股东）规定为公司清算义务人。（《公司法》第232条第1款规定："董事为公司清算义务人，应当在解散事由出现之日起15日内组成清算组进行清算。"）

C选项错误，D选项正确。不承担清算义务的股东，无需对债权人承担赔偿责任。C选项的错误为"全体股东"，因为本题中，甲同时是公司执行董事，只有其对公司负有清算义务。（《公司法》第232条第3款规定："清算义务人未及时履行清算义务，给公司或者债权人造成损失的，应当承担赔偿责任。"）

8. [考点] 关联交易纠纷；股东代表诉讼

[答案] AD

[解析] 本题构成关联交易。关联交易是被允许的，但如果关联交易损害公司利益，《公司法解释（五）》第1条明确了处理规则：

（1）关联交易的相对方，如控股股东、实际控制人、董事、监事、高级管理人员，仅以该交易已经履行了信息披露等正当程序为由抗辩，不对公司的损失承担赔偿责任的，人民法院不予支持。故B、C选项错误。

（2）公司没有提起诉讼的，合格股东可以为了公司的利益提起股东代表诉讼。故A、D选项正确。

9. [考点] 股权让与担保

[答案] D

[解析] 本题中，A公司（债务人）和乙（债权人）构成让与担保法律关系。A公司将其持有的B公司的股权形式上转让给乙，但实际目的是为A公司和乙之间的借款提供担保，乙（债权人）仅为B公司的"名义股东"，乙和B公司之间并无真实的股权关系。

A选项不当选。根据《担保制度解释》第69条的规定，即使股东（A公司）出现未履行出资义务等情形，并且A公司已经将股权转让给债权人（乙，或称"名义股东"），但是因为构成让与担保法律关系，股权仅是形式上转让，所以此时不再依据《公司法》"瑕疵股权转让，受让人明知的，需承担连带责任"的规则处理，而是依据担保的规则处理，即该债权人（乙）无需和真实股东（A公司）对原公司（B公司）承担连带责任，因为乙和B公司之间并无真实的股权关系。

B、C选项不当选。一定要注意乙的身份。即使股权已经形式上转移给了乙，但乙仅是债权人，该股权仅是担保物，不能认为乙是股权的所有人（法条表述为"名义股东"）。所以，当债务人（A公司）不履行到期债务时，债权人（乙）有权行使担保物权，但无权取得担保物（股权）的所有权。同理，乙无权参加B公司的股东会并行使股东权。

D选项当选。根据《担保制度解释》第68条第2款的规定，当事人已经完成财产权利变动的公示，债务人不履行到期债务，债权人请求参照《民法典》关于担保物权的规定对财产折价或者以拍卖、变卖该财产所得的价款优先受偿的，人民法院应予支持。

10. （1）[考点]股东的出资

[答案]A

[解析]A选项当选。可以用货币评估作价并可以依法转让的非货币财产，包括知识产权、土地使用权、股权、债权等，均可作为出资。（《公司法》第48条第1款）

B、D选项不当选。劳务、信用、自然人姓名、商誉、特许经营权或者设定担保的财产，或无法转让或者在现阶段估价不确定的财产，目前是明确禁止的出资方式。（提示：D选项的出资瑕疵可补正，若该房屋被解除抵押担保，是可以作为出资的。但选项中未给出该条件，故不予考虑后续是否有"瑕疵补正"的情况。）

C选项不当选。保单转让，其实质是保险合同主体的变更，是指投保人或被保险人将保险合同中的权利和义务转让给他人的法律行为。虽然人寿保险的保险单允许转让和质押，但仍要求新的受让人（被保险人）对保险标的（生命或健康）具有保险利益，而这一点是作为"法人"的公司无法满足的。故不得以具有人身专属性的保险单作为设立公司的出资。

（2）[考点]股东出资责任

[答案]D

[解析]《公司法》第50条规定："有限责任公司设立时，股东未按照公司章程规定实际缴纳出资，或者实际出资的非货币财产的实际价额显著低于所认缴的出资额的，设立时的其他股东与该股东在出资不足的范围内承担连带责任。"

A选项不当选，D选项当选。刘某虚估20万元属于无效垫资，即王某、刘某二人的垫资协议并未完成，这属于王某与刘某之间的民事纠纷，不会导致各股东出资义务的变化，也不会导致王某出资义务的免除。故王某应当补交出资；根据《公司法》第50条的规定，其余股东承担连带责任。（A选项的错误为，不应仅限于刘某承担连带责任）

B选项不当选。本题刘某已经实际交付出资，所以刘某无需补交出资。

C选项不当选。选项中"各补交10万元"于法无据。

(3) [考点] 出资方式（无权处分）

[答案] C

[解析] 甲以租赁的设备出资，性质为"无权处分"。

A选项错误。就未完全履行出资义务的出资，并非直接认定为"出资无效"，其处理为"股东未按期足额缴纳出资的，除应当向公司足额缴纳外，还应当对给公司造成的损失承担赔偿责任"。(《公司法》第49条第3款)

B选项错误。就无权处分设备的处理，要考虑受让人（萱草公司）主观上是否善意，而不需要原权利人（华强公司）的追认。

C选项正确，D选项错误。题干中显示"甲是筹备负责人"，故难以认定受让人（萱草公司）"善意"，该设备的所有权并未转移。所以原权利人（华强公司）可以取回该设备。

(4) [考点] 出资瑕疵的处理（董事会催缴；股东失权）

[答案] AC

[解析] A选项正确。根据《公司法》第51条第1款的规定，有限责任公司成立后，董事会应当对股东的出资情况进行核查，发现股东未按期足额缴纳公司章程规定的出资的，应当由公司向该股东发出书面催缴书，催缴出资。

B选项错误。公司应当在宽限期届满后发出失权通知，也即公司要启动"失权"机制，其前提是必须经过合理的宽限期。(《公司法》第52条第1款规定："股东未按照公司章程规定的出资日期缴纳出资，公司依照前条第1款规定发出书面催缴书催缴出资的，可以载明缴纳出资的宽限期；宽限期自公司发出催缴书之日起，不得少于60日。宽限期届满，股东仍未履行出资义务的，公司经董事会决议可以向该股东发出失权通知，通知应当以书面形式发出。自通知发出之日起，该股东丧失其未缴纳出资的股权。")

C选项正确。根据上述《公司法》第52条第1款的规定，股东失权的时间是"自公司发出失权通知之日"，因之前公司已经给予了股东出资宽限期，股东对可能丧失对应股权有了心理预期，故过了宽限期仍未缴纳出资的，公司发出失权通知便会产生效力。

D选项错误。虽然《公司法》第52条第3款规定了股东救济手段："股东对失权有异议的，应当自接到失权通知之日起30日内，向人民法院提起诉讼。"但该诉讼不影响"失权"已经发生效力。

11. [考点] 抽逃出资的认定

[答案] B

解析 A选项不当选。董事会无权决定减资事项（应当由股东会决议），所以该减资程序不合法。

B选项当选。虚增利润进行分配的，符合抽逃出资的规定。(《公司法解释（三）》第12条第1项)

C选项不当选。张某代垫资金协助发起人乙设立公司。我国允许垫付出资。乙虽构成抽逃出资，但因垫付出资合法，故张某无需承担连带责任。

D选项不当选。丙擅自将设备转让，侵犯了公司的法人财产权，但丙没有采用虚构合同、关联交易等手段，不宜定性为抽逃出资。

12. **考点** 未届出资期限的股东责任

答案 AD

解析 A选项正确。《公司法》第54条规定："公司不能清偿到期债务的，公司或者已到期债权的债权人有权要求已认缴出资但未届出资期限的股东提前缴纳出资。"

B选项错误。"只能"的表述过于绝对。破产程序是解决纠纷措施之一，但非唯一。

C选项错误，D选项正确。本题因宏远公司不能清偿到期债务，现有股东魏某出资加速到期。《公司法》第88条第1款规定："股东转让已认缴出资但未届出资期限的股权的，由受让人承担缴纳该出资的义务；受让人未按期足额缴纳出资的，转让人对受让人未按期缴纳的出资承担补充责任。"C、D选项中，魏某尚未缴纳完全出资，那么，转让人甲的补充责任不能免除。

13. **考点** 股东查阅、复制权

答案 AB

解析 A选项当选。《公司法》第110条第2款规定："连续180日以上单独或者合计持有公司3%以上股份的股东要求查阅公司的会计账簿、会计凭证的……"A选项中，李某不符合该持股要求，故甲公司可拒绝。

B选项当选，C选项不当选。

（1）公司有合理根据认为股东查阅会计账簿有不正当目的，可能损害公司合法利益的，可以拒绝提供查阅。(《公司法》第57条第2款)

（2）B选项属于"股东为他人经营与公司主营业务有实质性竞争关系业务"，符合"不正当目的"，甲公司可拒绝查阅。

（3）C选项，"为了评估股权价格"而查账，并非股东汪某为乙公司经营业务，不符合"不正当目的"，甲公司不可拒绝。

D选项不当选。根据《公司法解释（四）》第9条的规定，公司章程、股东之间的协议不能实质性剥夺股东查阅或者复制公司文件材料的权利。可知，合格股东有权要求查阅会计账簿。

14.（1）[考点]（有限公司）股权转让

[答案]D

[解析] A 选项错误。根据《公司法》第 84 条第 2 款的规定，股东向股东以外的人转让股权的，其他股东在同等条件下有优先购买权。A 选项数量不同等，不符合"同等条件"。

B 选项错误。在其他股东主张优先购买后，转让股东又不同意转让股权的，因为没有外部股东的加入，不会影响到有限公司的"人合性"，故其他股东无权主张优先购买。（《公司法解释（四）》第 20 条）

C 选项错误。"转让股权"也是股东的一项权利，所以，"其他股东仅提出确认股权转让合同及股权变动效力等请求，未同时主张按照同等条件购买转让股权的，人民法院不予支持"（《公司法解释（四）》第 21 条第 2 款）。

D 选项正确。同时，为了维护有限公司的"人合性"，规定其他股东自知道或者应当知道行使优先购买权的同等条件之日起 30 日内主张，或者自股权变更登记之日起 1 年内主张的，保护其他股东的优先购买权。（《公司法解释（四）》第 21 条第 1 款）

（2）[考点]股权无权转让纠纷

[答案]AC

[解析] A 选项正确，B 选项错误。因刘某已经记载于股东名册，是该股权的受让股东，故向某再将该股权转让给栗子，构成"无权处分"，栗子是否可以取得该股权，可以参照《民法典》第 311 条"善意取得"的规定处理。本题股权受让人栗子符合"善意、给付对价、办理变更登记"的条件，可以善意取得该股权。

C 选项正确；D 选项错在"连带责任"，应是"相应责任"。原股东（向某）处分股权造成受让股东（刘某）损失，受让股东有权请求原股东承担赔偿责任、对于未及时办理变更登记有过错的董事（殷某）、高级管理人员或者实际控制人承担相应责任。（《公司法解释（三）》第 27 条第 2 款）

（3）[考点]股份公司收购情形

[答案]C

[解析]《公司法》第 161 条第 1 款规定了非公开发行股份的股份公司中，对股东会特定决议投反对票的股东可以请求公司按照合理的价格收购其股份。这些情形可以概括为"55 合分转，该死不死改章程"。

A选项不当选。基于公司经营自由，公司可以作出不分配利润的决议。不要混淆：只有公司作出"连续5年不向股东分配利润，而公司该5年连续盈利"的决议，投反对票的股东才可要求收购股权。

　　B选项不当选。请求收购是"投反对票的股东"的权利，该选项股东投的是"弃权票"，不符合收购条件。

　　D选项不当选。股东对担保决议投反对票的，其结果会影响担保决议是否通过，而反对"担保决议"不属于"允许股权收购"的特殊情形。

(4) [考点]（股份公司）股份转让
[答案] D
[解析]《公司法》第160条对上市公司特殊主体转让股份加以限制。

　　A选项不当选，错在"上市之日"。公司公开发行股份前已发行的股份，自公司股票在证券交易所上市交易之日起1年内不得转让。

　　B选项不当选。股份在法律、行政法规规定的限制转让期限内出质的，质权人不得在限制转让期限内行使质权。

　　C选项不当选。公司董事、监事、高级管理人员转让股份有时间限制：①所持本公司股份自公司股票上市交易之日起1年内不得转让；②离职后半年内，不得转让其所持有的本公司股份。

　　D选项当选。公司章程可以对公司董事、监事、高级管理人员转让其所持有的本公司股份作出其他限制性规定。

15. (1) [考点] 股东会议规则；董监高的任职资格
[答案] B
[解析] A选项不当选。董事人数不足《公司法》规定人数或者公司章程所定人数的2/3时，应当召开临时股东会会议。"不足"不包含本数。A选项中，少于12人时才需要召开临时会议。

　　B选项当选。"上任仅3个月"难以说明高某对该企业的破产"负有个人责任"。（《公司法》第178条第1款第3项）

　　C选项不当选。因为投资人要对个人独资企业的债务承担无限责任，所以个人独资企业的债务属于投资人（刘某）的个人债务，此种情况下，刘某不得担任其他公司的董事、监事、高级管理人员。（《公司法》第178条第1款第5项）

　　D选项不当选。魏某并非萱草公司的财务总监，其身份为股东公司的高管，所以他担任萱草公司监事是合法的。

(2) [考点]董事会的职权；董事的赔偿责任

[答案]B

[解析]A选项不当选。国有独资公司、国有企业、上市公司等特殊主体，不得成为普通合伙人。（《合伙企业法》第3条）但从题意中难以得出萱草公司属于上述特殊类型，并且决定投资方案属于董事会职权，所以第一项议案是有效决议。

B选项当选。公司经营权归属于董事会（《公司法》第67条第2款第3项规定，董事会决定公司的经营计划和投资方案），可知，"暂停支付"收购价款属于董事会的职权。

C选项不当选。"制订"意味着提出方案或草案，而非最终审批决定。董事会有权制订公司的"利润分配方案和弥补亏损方案，增加或者减少注册资本以及发行公司债券的方案，合并、分立、解散或者变更公司形式的方案"。（《公司法》第67条第2款第4~6项）（不要混淆：如果C选项改为"制定、决定"，则该表述正确，增减注册资本的议案应当由股东会审批）

D选项不当选。董事对公司承担赔偿责任的前提是"董事会的决议违反法律、行政法规或者公司章程、股东会决议，给公司造成严重损失"，此时参与决议的董事对公司负赔偿责任。（《公司法》第125条第2款）本题中的三项决议均是合法决议，投资亏损属于公司正常经营风险，所以董事无需承担赔偿责任。

(3) [考点]对内部人损害公司利益的救济程序（股东代表诉讼）

[答案]C

[解析]A选项错误。何时成为股东不影响提起股东代表诉讼的原告资格。（《九民纪要》第24点）

B选项错误，错在"直接"。股东提起代表诉讼的前置程序之一是股东必须先书面请求公司有关机关向人民法院提起诉讼。（《公司法》第189条第2款）

D选项错误，不符合"本诉和反诉"的要求。在股东代表诉讼中，"被告以公司在案涉纠纷中应当承担侵权或者违约等责任为由对公司提出的反诉，因不符合反诉的要件，人民法院应当裁定不予受理；已经受理的，裁定驳回起诉"。（《九民纪要》第26点）

16. [考点]股份发行

[答案]ABC

[解析]类别股，是指将股权进行分类，某项具体权能可以单独行使的股份。《公司法》第144条第1、2款规定："公司可以按照公司章程的规定发行下列与普通股权利不同的类别股：①优先或者劣后分配利润或者剩余财产的股份；②每一股的表决权数

多于或者少于普通股的股份；③转让须经公司同意等转让受限的股份；④国务院规定的其他类别股。公开发行股份的公司不得发行前款第 2 项、第 3 项规定的类别股；公开发行前已发行的除外。"

据此可知，在萱草公司 2023 年 1 月股份公开发行之前，其发行的类别股不受限制。故 A、B 选项当选。但当萱草公司已经公开发行股份后（股票上市交易），则只能发行"优先股/劣后股（第 1 项）"，不得发行"特殊表决权股""转让受限股"。故 C 选项当选，D 选项不当选。

17. (1) [考点] 上市公司股权代持协议（效力）
[答案] BC
[解析]《公司法》第 140 条规定："上市公司应当依法披露股东、实际控制人的信息，相关信息应当真实、准确、完整。禁止违反法律、行政法规的规定代持上市公司股票。"

A 选项错误，B 选项正确。上市公司因为涉及广大投资人的权益，其对信息披露的要求严格。在公司上市之前，相关主体对代持行为的刻意隐瞒，违反了公序良俗原则和法律强制性规定，故《股权代持协议》无效。(《民法典》第 153 条规定："违反法律、行政法规的强制性规定的民事法律行为无效。但是，该强制性规定不导致该民事法律行为无效的除外。违背公序良俗的民事法律行为无效。")

C 选项正确。虽然《股权代持协议》因违背公序良俗而无效，但不能据此否认双方之间委托投资的事实，并且，依据《民法典》的规定，委托合同关系只要委托人与受托人意思表示一致，达成合意即可。因此，双方的委托投资关系是受到法律保护的。

D 选项错误。"股份代持"和"委托投资"应当分别对待，上市公司因为强监管的需要，要求真实、准确、完整地披露股东的信息。虽然不认可"股份代持"的法律效力，但我国并未禁止订立"委托投资受益"的协议。

(2) [考点] 上市公司股权代持协议（处理）
[答案] AD
[解析] A 选项正确，B 选项错误。由于上市公司禁止代持股份，因此本案《股权代持协议》无效，应适用"不能返还或者没有必要返还"的情形，即不支持隐名股东变更股东登记的请求。本案的股东仍是林某（名义股东）。

C 选项错误。双方的权利义务均系针对 80 万股而设定的，320 万元虽支付至林某账户，但林某已按杨某要求投资，故林某基于代持协议取得的并非 320 万元款项，而是由该款项转化而来的 80 万股。因此，杨某无权要求返还 320 万元购股款。

D 选项正确。虽然《股权代持协议》无效，但双方委托投资法律关系有效，实际投资人（杨某）可依进一步查明事实所对应的股权数量请求公平分割相关委托投资利益。

[参考案例：①最高人民法院：杨金国、林金坤股权转让纠纷再审审查与审判监督民事裁定书（2017）最高法民申2454号；②上海金融法院"杉浦立身诉龚茵案"（2018沪74民初585号民事判决）]

18. [考点] 公司组织机构

[答案] AB

[解析] A选项正确。职工人数300人以上的有限责任公司，除依法设监事会并有公司职工代表的外，其董事会成员中应当有公司职工代表。（《公司法》第68条第1款）

B选项正确。有限责任公司在董事会中设置审计委员会的，可以不设监事会或者监事。（《公司法》第69条）

C选项错误。出席会议人数与通过决议人数规定相同，均是"全体董事过半数"，而非"出席者过半数"。（《公司法》第73条第2款规定："董事会会议应当有过半数的董事出席方可举行。董事会作出决议，应当经全体董事的过半数通过。"）

D选项错误。股东会与董事之间为"委托关系"，合同双方均有任意解除权。《公司法》第70条第3款规定："董事辞任的，应当以书面形式通知公司，公司收到通知之日辞任生效……"

19. [考点] 国家出资公司

[答案] ABD

[解析] A选项当选。《公司法》第170条规定："国家出资公司中中国共产党的组织，按照中国共产党章程的规定发挥领导作用，研究讨论公司重大经营管理事项，支持公司的组织机构依法行使职权。"

B选项当选。《公司法》第173条第2款规定："国有独资公司的董事会成员中，应当过半数为外部董事，并应当有公司职工代表。"

C选项不当选，错在"董事会同意"，应当是"经履行出资人职责的机构同意，董事会成员可以兼任经理。"（《公司法》第174条第2款）

D选项当选。国有独资公司在董事会中设置由董事组成的审计委员会行使《公司法》规定的监事会职权的，不设监事会或者监事。（《公司法》第176条）

第2讲 其他商主体法

专题 5 合伙企业法

20. 甲、乙、丙、丁合伙设立萱草科技创新企业（普通合伙企业），甲以夫妻共有的一处房屋出资。四人签订了书面合伙协议，协议内容简单，只约定由甲担任事务执行人，未约定合伙的表决程序、利润分配、合伙期限等其他内容。在合伙企业经营过程中，甲与其妻感情破裂，办理协议离婚。另外，合伙人乙向张三借款10万元，其在其他合伙人不知情的情况下，将其持有的合伙企业份额出质给张三。请回答（1）~（4）题：

(1) 合伙企业经营过程中的下列行为或者意见，哪一项符合《合伙企业法》的规定？（　　）

A. 甲认为，如果协议确定自己是事务执行人，其他合伙人不得再执行合伙事务

B. 其他合伙人认为其仍有权监督甲执行事务，并有权提出异议

C. 经全体合伙人一致同意，聘请黄某为经营管理人，黄某应同时成为合伙人

D. 合伙人会议上，甲提议将企业字号改为"腾飞"，仅丁反对。该表决为有效表决

[考 点] 事务执行

(2) 甲在执行合伙企业事务时，未经其他合伙人同意实施的下列行为，哪些未违反《合伙企业法》的规定？（　　）

A. 为该合伙企业购置了一处房屋作为培训教室

B. 为购置上述房屋将合伙企业的一套设备抵押给银行作为担保

C. 以上述房屋的产权证为另一公司的贷款提供抵押担保

D. 聘请从竞争企业处辞职的李某担任本合伙企业的经营管理人员

[考 点] 事务执行规则（普通合伙企业）

(3) 在甲的离婚协议中，甲与其妻同意就甲持有的合伙企业财产份额进行分割。下列判断正确的是：（　　）

· 27 ·

A. 因甲是以婚后共同财产出资，故甲妻离婚时可以取得甲一半的财产份额

B. 如果乙、丙、丁同意，甲妻离婚时可以取得甲一半的财产份额

C. 若乙、丙、丁不同意甲转让财产份额给其妻，则乙、丙、丁应当购买甲的财产份额，不购买的视为同意

D. 若乙、丙、丁在30日内未答复，则视为同意甲转让财产份额给其妻

[考 点] 财产份额转让（普通合伙企业）

（4）合伙人乙未能按照约定向张三偿还10万元，二者发生纠纷。下列说法正确的是：（　　）

A. 若张三对于乙未征得其他合伙人同意而出质财产份额一事不知情，则张三可以取得质权

B. 乙将其财产份额质押需经登记生效

C. 因乙出质财产份额未征得其他合伙人同意，故其出质行为无效

D. 若法院强制执行乙的财产份额，乙应通知其他合伙人

[考 点] 财产份额出质（普通合伙企业）

21. 萱草有限合伙企业共有五名合伙人，栗子、大魏、小魏三人为普通合伙人，大白、小白为有限合伙人。请回答（1）~（3）题：

（1）大魏的个人债务共计30万元，他在合伙企业中共有财产份额18万元，待分配利润2万元。则债权人可以采取下列哪一方式获得清偿？（　　）

A. 债权人可以就大魏的财产份额和待分配利润请求法院强制执行，但必须扣除大魏在合伙企业中应当承担的债务份额

B. 债权人可以以欠合伙企业的8万元抵销大魏的相应债务

C. 债权人可以取代大魏成为合伙人，以此抵销大魏的债务

D. 债权人可以就该18万元财产份额和2万元待分配利润请求法院强制执行

[考 点] 合伙人债务的清偿规则

（2）在企业经营过程中，合伙人之间欲发生转换，特此向准备参加法考的小魏咨询。他的下列回答中，哪些是正确的？（　　）

A. 若大魏转变为有限合伙人，则其对转变前合伙企业发生的债务承担无限连带责任

B. 大魏欲转变为有限合伙人，应当经全体合伙人过半数同意

C. 若大白、小白均转变为普通合伙人，则合伙企业应当变更登记为普通合伙企业

D. 若栗子、大魏、小魏均转变为有限合伙人，则合伙企业可变更登记为有限责任公司

[考 点] 合伙人之间的转换

(3) 由于合伙企业效益不好，栗子、小白均萌生退意并得到其他合伙人一致同意。退伙时，合伙企业负债30万元，但企业尚有价值10万元的财产。对合伙人退伙时应当承担的责任，下列哪些说法是正确的？（　　）

　　A. 栗子退伙时，应对30万元债务承担连带责任

　　B. 栗子退伙时，应当先以企业财产10万元清偿债务，栗子对余下的20万元债务承担连带责任

　　C. 小白退伙时，应当在其出资限额内对企业债务承担清偿责任

　　D. 小白退伙时，应当以其退伙时从有限合伙企业中取回的财产承担责任

[考点] 退伙（退伙的后果）

22. 向小甲为萱草律师事务所（特殊普通合伙企业）的合伙人，在接受万方股份公司对外投资并购调查的服务时，没有核查被并购公司的基本信息和业务情况，采用被并购公司提供的已经过期作废的批准文件等作为法律意见的依据。后因该次并购，万方公司损失巨大，遂向萱草律师事务所索赔。经查，该所其他合伙人对向小甲的行为不知情。就该事件的处理，下列哪些选项符合法律的规定？（　　）

　　A. 萱草律师事务所应当对万方公司的损失承担赔偿责任

　　B. 向小甲的行为属于职务行为，其在执业活动中造成的合伙企业债务，应当由全体合伙人承担无限连带责任

　　C. 萱草律师事务所财产不足清偿时，向小甲承担无限责任，其他合伙人以其在合伙企业中的财产份额为限承担责任

　　D. 萱草律师事务所财产不足清偿时，向小甲承担无限责任，其他合伙人以认缴出资为限承担责任

[考点] 特殊普合企业（责任承担规则）

23. 刘飞、高云、魏新、大翔、甲国有独资公司共同设立萱草投资有限合伙企业，刘飞以认缴出资额为限对企业债务承担责任。另外，协议明确高云是有限合伙人，魏新与大翔是普通合伙人。请回答（1）~（3）题：

(1) 在合伙协议没有约定的情况下，合伙人的下列行为哪些符合法律规定？（　　）

　　A. 鉴于刘飞有丰富的经营管理经验，推举刘飞为合伙事务执行人

　　B. 甲公司怀疑企业连年亏损的原因，要求查阅企业的财务会计账簿

　　C. 萱草合伙企业对一笔已到期的债权怠于请求偿还，刘飞决定以自己的名义起诉对方当事人

　　D. 甲公司可以同他人一道经营和萱草合伙企业相竞争的业务

[考点] 有限合伙企业（事务执行规则）

(2) 刘飞因有一定的咖啡连锁经营经验，主动参与考察萱草合伙企业在云南的咖啡投资项目，并在和客户洽谈时经常发表自己的意见。高云忙于自己的事务，无暇参与企业的运营。云南的 MG 公司虽然数次与萱草合伙企业接洽，但不知道刘飞为有限合伙人。后刘飞以萱草合伙企业的名义与 MG 公司签订了咖啡豆购买协议。现萱草合伙企业经营陷入困境，无法支付货款。就该纠纷的处理，下列说法正确的是：（　　）

A. 刘飞擅自执行合伙事务，萱草合伙企业主张和 MG 公司的该份合同可撤销

B. 为保护善意第三人的利益，萱草合伙企业不能清偿的部分由全体合伙人承担连带责任

C. 就该笔交易，高云无需对企业债务承担连带赔偿责任

D. 大翔对该笔交易的谈判不知情，也不是合伙事务执行人，其无需对该笔债务承担清偿责任

[考 点] 表见普通合伙

(3) 在萱草合伙企业经营过程中，合伙人拟对外转让财产份额。在合伙协议没有规定的情况下，下列哪些处理是正确的？（　　）

A. 高云欲向李娜转让其在萱草合伙企业中的财产份额，应当提前 30 日通知其他合伙人，其他合伙人在同等条件下享有优先购买权

B. 魏新向韩海转让其在萱草合伙企业中的财产份额，须经其他合伙人一致同意，且其他合伙人在同等条件下享有优先购买权

C. 刘飞的债权人邓明请求法院强制执行刘飞的财产份额，其他合伙人在同等条件下享有优先购买权

D. 大翔的债权人孙丽请求法院强制执行大翔的财产份额，其他合伙人不享有优先购买权

[考 点] 财产份额的转让

专题 6　个人独资企业与外商投资

24. 甲于 2008 年设立个人独资企业，设立登记时注明是以家庭共有财产作为个人出资，当时家庭共有财产仅有一套价值 20 万元的房屋。甲在经营企业期间也常常炒股，积累的炒股收益为 100 万元。2019 年，甲决定解散该个人独资企业。清算时发现尚欠银行债务 120 万元，现在房屋评估后价值 40 万元。关于该项债务的清偿责任，应如何确定？（　　）

A. 甲以设立登记时的家庭共有房屋原价 20 万元对银行债务承担无限责任，但不包括炒股收益的 100 万元

B. 甲以设立登记时的家庭共有房屋现价40万元对银行债务承担责任，但不包括炒股收益的100万元

C. 甲以全部家庭共有财产对银行债务承担无限责任

D. 该个人独资企业解散后，甲对企业存续期间的债务，仍应一直承担清偿责任

[考 点] 个人独资企业债务清偿

25. 我国对外商投资企业的投资促进、投资保护、投资管理均有明确规定。请根据《外商投资法》，回答（1）~（3）题：

（1）根据我国《外商投资法》对外商投资企业的投资促进措施的相关规定，下列哪些说法是正确的？（　　）

　　A. 外商投资限于外国投资者单独或者与其他投资者共同在中国境内设立外商投资企业

　　B. 在投资准入阶段给予外国投资者及其投资不低于本国投资者及其投资的待遇

　　C. 外商投资企业不受我国制定的强制性标准的约束

　　D. 外商投资企业可以在中国公开发行股票、公司债券等证券

[考 点] 外商投资促进措施

（2）根据我国《外商投资法》对外商投资企业的投资保护措施的相关规定，下列哪些说法是错误的？（　　）

　　A. 为保障在外商投资过程中开展技术合作，行政机关及其工作人员可以利用行政手段强制转让技术

　　B. 地方政府制定涉及外商投资的规范性文件可根据当地经济和社会发展需要设置市场准入和退出条件

　　C. 地方政府及其有关部门可依权限和程序改变向外国投资者作出的政策承诺

　　D. 国家对外国投资者的投资原则上不实行征收

[考 点] 外商投资法律规则（投资保护）

（3）针对外商投资企业的投资管理行为，我国《外商投资法》规定了下列哪些措施？（　　）

　　A. 实行外商投资准入负面清单管理制度

　　B. 外国投资者参与经营者集中的，应当依照《反垄断法》的规定接受经营者集中审查

　　C. 国家对影响或者可能影响国家安全的外商投资进行安全审查，对该安全审查决定不服的外国投资者可以上诉

　　D. 准入负面清单规定禁止投资的领域，外国投资者不得投资

[考 点] 外商投资法律规则（投资保护）

答案及解析

20. (1) 考点 事务执行

答案 A

解析 B选项不当选。非执行人没有"异议权"。

C选项不当选。"外人"成为普通合伙人，除了应当经全体合伙人一致同意外，还需要依法订立书面入伙协议。(《合伙企业法》第43条第1款)

D选项不当选。根据《合伙企业法》第31条第1项的规定，改变合伙企业的名称，应当经全体合伙人一致同意。

(2) 考点 事务执行规则（普通合伙企业）

答案 AB

解析 《合伙企业法》第31条规定："除合伙协议另有约定外，合伙企业的下列事项应当经全体合伙人一致同意：①改变合伙企业的名称；②改变合伙企业的经营范围、主要经营场所的地点；③处分合伙企业的不动产；④转让或者处分合伙企业的知识产权和其他财产权利；⑤以合伙企业名义为他人提供担保；⑥聘任合伙人以外的人担任合伙企业的经营管理人员。"可知：

A选项当选。购置房屋≠处分房屋，不需要合伙人一致同意。

B选项当选。该选项是"为合伙企业提供担保"，而非"为他人提供担保"，不需要合伙人一致同意。

(3) 考点 财产份额转让（普通合伙企业）

答案 B

解析 A选项错误，B选项正确。甲离婚时财产份额的分割问题，实质是合伙份额的对外转让问题。因为财产份额代表一种身份，代表合伙人资格，所以甲妻不能直接取得甲一半的财产份额。

C、D选项错误。除合伙协议另有约定外，普通合伙人向"外人"转让其财产份额时，须经其他合伙人一致同意。(《合伙企业法》第22条第1款) 若未经一致同意，其处理是该合伙人退伙，而非其他合伙人购买或视为同意。

(4) 考点 财产份额出质（普通合伙企业）

答案 C

解析 A选项错误，C选项正确。财产份额出质须经其他合伙人一致同意；未经其他合伙人一致同意,合伙人的出质行为无效。(《合伙企业法》第25条)所以,张三不能善意取得财产份额的质权。

B选项错误。在财产份额出质程序上,只需其他合伙人一致同意,无需登记生效。

D选项错误。人民法院强制执行合伙人的财产份额时,应当通知全体合伙人。(《合伙企业法》第42条第2款)可知,应当是"法院"通知,而非"乙"通知。

21. (1) [考点] 合伙人债务的清偿规则

[答案] D

[解析] A选项不当选,错在"扣除大魏在合伙企业中应当承担的债务份额"。普通合伙人对企业债务承担连带责任,而非按份责任。合伙人的自有财产不足清偿其与合伙企业无关的债务的,债权人可以依法请求人民法院强制执行该合伙人在合伙企业中的财产份额用于清偿。(《合伙企业法》第42条第1款)

B、C选项不当选。合伙人发生与合伙企业无关的债务,相关债权人不得以其债权抵销其对合伙企业的债务;也不得代位行使合伙人在合伙企业中的权利。(《合伙企业法》第41条)

(2) [考点] 合伙人之间的转换

[答案] AC

[解析] A选项正确。《合伙企业法》第84条规定:"普通合伙人转变为有限合伙人的,对其作为普通合伙人期间合伙企业发生的债务承担无限连带责任。"

B选项错误,错在"过半数同意"。《合伙企业法》第82条规定:"除合伙协议另有约定外,普通合伙人转变为有限合伙人,或者有限合伙人转变为普通合伙人,应当经全体合伙人一致同意。"

C选项正确。因全体有限合伙人均转变为了普通合伙人,该合伙企业不再符合有限合伙企业构成的要求,故应当变更登记为普通合伙企业。(《合伙企业法》第75条)

D选项错误。该合伙企业因为没有承担无限责任的普通合伙人,所以应当解散。(《合伙企业法》第75条)

(3) [考点] 退伙(退伙的后果)

[答案] AD

[解析] A选项正确。普通合伙人退伙时债务的清偿规则见《合伙企业法》第53条的规定:"退伙人对基于其退伙前的原因发生的合伙企业债务,承担无限连带责任。"

D选项正确。有限合伙人退伙时债务的清偿规则见《合伙企业法》第81条的规定:

"有限合伙人退伙后，对基于其退伙前的原因发生的有限合伙企业债务，以其退伙时从有限合伙企业中取回的财产承担责任。"

22. [考点] 特殊普合企业（责任承担规则）

[答案] AC

[解析] A选项当选。虽然律师事务所是特殊普通合伙企业，但其仍然属于"普通合伙企业"，所以该笔企业债务首先由企业财产承担清偿责任。

B选项不当选，错在"全体合伙人"。特殊普通合伙企业因为提供专业服务，更加强调合伙人的个人专业能力，所以对合伙企业的债务，合伙人采取"分责"原则。

C选项当选；D选项不当选，错在"以认缴出资为限"。对合伙企业财产不足清偿的债务部分，一个合伙人或者数个合伙人在执业活动中因故意或者重大过失造成合伙企业债务的，应当承担无限责任或者无限连带责任，其他合伙人以其在合伙企业中的财产份额为限承担责任。（《合伙企业法》第57条第1款）

23. （1）[考点] 有限合伙企业（事务执行规则）

[答案] BCD

[解析] "甲国有独资公司"仅能成为有限合伙人；刘飞以出资为限承担责任，也只能成为有限合伙人。

A选项不当选。有限合伙企业仅能由普通合伙人执行合伙事务。有限合伙人不执行合伙事务，不得对外代表有限合伙企业。刘飞的身份为有限合伙人，故其不能担任事务执行人。

B、C选项当选，均为有限合伙人可以从事的事务。（《合伙企业法》第68条第2款规定："有限合伙人的下列行为，不视为执行合伙事务：……⑤对涉及自身利益的情况，查阅有限合伙企业财务会计账簿等财务资料；……⑦执行事务合伙人怠于行使权利时，督促其行使权利或者为了本企业的利益以自己的名义提起诉讼；……"）

D选项当选。有限合伙人可以自营或者同他人合作经营与本有限合伙企业相竞争的业务；但是，合伙协议另有约定的除外。（《合伙企业法》第71条）

（2）[考点] 表见普通合伙

[答案] C

[解析] 刘飞的行为构成"表见普通合伙"。

A选项错误。MG公司是善意第三人，故该合同有效。

B、D选项错误，C选项正确。对MG公司的债务，萱草合伙企业财产不足清偿的部分，由刘飞和其他普通合伙人承担连带责任，高云无需承担连带责任。（《合伙企业法》第76条第1款规定："第三人有理由相信有限合伙人为普通合伙人并与其交易的，该有限合伙人对该笔交易承担与普通合伙人同样的责任。"）

(3) [考点]财产份额的转让

[答案]BC

[解析]A选项错误。有限合伙人（高云）对外转让其财产份额的，仅需提前30日通知其他合伙人，无需其他合伙人同意。（《合伙企业法》第73条）所以其他合伙人没有优先购买权。

B选项正确。为了维护普通合伙企业极强的人合性，普通合伙人（魏新）向"外人"转让其财产份额的，须经其他合伙人一致同意，并且其他合伙人在同等条件下享有优先购买权。（《合伙企业法》第23条）

C选项正确，D选项错误。为了更好地维护债权人的利益，使其债权能够尽快得到实现，无论是有限合伙人还是普通合伙人，其财产份额被强制执行的，其他合伙人均有优先购买权。（《合伙企业法》第42条第2款-普通合伙人、《合伙企业法》第74条第2款-有限合伙人）

24. [考点]个人独资企业债务清偿

[答案]C

[解析]C选项当选，A、B选项不当选。《个人独资企业法》第18条规定："个人独资企业投资人在申请企业设立登记时明确以其家庭共有财产作为个人出资的，应当依法以家庭共有财产对企业债务承担无限责任。"

D选项不当选，错在"一直承担"。《个人独资企业法》第28条规定："个人独资企业解散后，原投资人对个人独资企业存续期间的债务仍应承担偿还责任，但债权人在5年内未向债务人提出偿债请求的，该责任消灭。"

25. (1) [考点]外商投资促进措施

[答案]BD

[解析]A选项错误，错在"限于……"。外商投资包括下列情形：①外国投资者单独或者与其他投资者共同在中国境内设立外商投资企业；②外国投资者取得中国境内企业的股份、股权、财产份额或者其他类似权益；③外国投资者单独或者与其他投资者共同在中国境内投资新建项目；④法律、行政法规或者国务院规定的其他方式的投资。（《外商投资法》第2条第2款）

B选项正确。《外商投资法》第4条第2款规定，准入前国民待遇，是指在投资准入阶段给予外国投资者及其投资不低于本国投资者及其投资的待遇。

C选项错误。《外商投资法》第15条第2款规定，国家制定的强制性标准平等适用于外商投资企业。

D选项正确。《外商投资法》第17条规定，外商投资企业可以依法通过公开发行股票、公司债券等证券和其他方式进行融资。

(2) [考点] 外商投资法律规则（投资保护）

[答案] ABC

[解析] A选项错误，当选。国家鼓励在外商投资过程中基于自愿原则和商业规则开展技术合作。技术合作的条件由投资各方遵循公平原则平等协商确定。行政机关及其工作人员不得利用行政手段强制转让技术。（《外商投资法》第22条第2款）

B选项错误，当选。《外商投资法》第24条规定："各级人民政府及其有关部门制定涉及外商投资的规范性文件，应当符合法律法规的规定；没有法律、行政法规依据的，不得减损外商投资企业的合法权益或者增加其义务，不得设置市场准入和退出条件，不得干预外商投资企业的正常生产经营活动。"

C选项错误，当选。改变政策承诺的前提条件是"国家利益、社会公共利益需要"。（《外商投资法》第25条第2款）

D选项正确，不当选。《外商投资法》第20条第1款规定："国家对外国投资者的投资不实行征收。"（建议：同学们做此类选项时，只考虑"一般规则"即可，不要考虑"特殊情况"，即不要考虑《外商投资法》第20条第2款的规定："在特殊情况下，国家为了公共利益的需要，可以依照法律规定对外国投资者的投资实行征收或者征用。"D选项表述的是一般规则，该表述正确。）

(3) [考点] 外商投资法律规则（投资保护）

[答案] ABD

[解析] A选项当选。《外商投资法》第4条第1款规定："国家对外商投资实行准入前国民待遇加负面清单管理制度。"

B选项当选。《外商投资法》第33条规定："外国投资者并购中国境内企业或者以其他方式参与经营者集中的，应当依照《中华人民共和国反垄断法》的规定接受经营者集中审查。"

C选项不当选。《外商投资法》第35条规定："国家建立外商投资安全审查制度……依法作出的安全审查决定为最终决定。"

D选项当选。我国对外商投资分三类进行管理：①外商投资准入负面清单规定禁止投资的领域，外国投资者不得投资；②外商投资准入负面清单规定限制投资的领域，外国投资者进行投资应当符合负面清单规定的条件；③外商投资准入负面清单以外的领域，按照内外资一致的原则实施管理。（《外商投资法》第28条）

第3讲 破产法

专题 7 破产法总论

26. 甲公司的主营业务为生产特种工业模板，现因经营不善、管理混乱，陷入多个诉讼纠纷。甲公司除生产特种工业模板的设备外已无其他可供执行的财产，而该生产线适用领域狭窄且设备陈旧，导致执行程序中资产流拍。请回答（1）（2）题：

(1) 2024年，甲公司已不能清偿全部到期债务。现查明甲公司还出现下列情况，哪些判断是正确的？（　　）

A. 甲公司对外负债480万元，但账面资产还有500万元，因尚未资不抵债，故不具备破产原因

B. 甲公司董事长张某下落不明，公司无其他负责管理人员，故甲公司虽未资不抵债，但已经具备破产原因

C. 金公司以对甲公司的债务负有连带责任的乙公司未丧失清偿能力为由，主张甲公司不具备破产原因

D. 甲公司提出破产申请时拒不提交其财产状况说明等材料，法院可以裁定不予受理其破产申请

[考点] 破产案件的申请（破产原因）

(2) 若债权人向法院申请甲公司破产，下列哪一选项的判断是正确的？（　　）

A. 受理破产申请后，丙银行即可主张对设定了抵押担保的一栋楼房进行拍卖

B. 在债权申报期间，要求甲公司对已经确定债务金额的债权人进行清偿

C. 债权人对法院驳回破产申请的裁定和不予受理的裁定可以提出上诉

D. 受理破产申请法院可以就甲公司破产程序相关问题作出裁定，也可以作出判决

[考点] 破产案件受理的后果

27. 萱草船舶制造有限公司因经营危机不能清偿到期债务，被法院受理破产。法院同时指定甲律师事务所为管理人。在破产程序中，相关主体进行了债权申报。请回答（1）（2）题：

(1) 萱草公司破产案件中，关于甲律师事务所的职责和行为，下列判断正确的是：（　　）

  A. 甲律师事务所向法院报告工作，故其列席债权人会议时有权拒绝回答关于职务执行情况的询问

  B. 对于白云公司已经履行完毕但萱草公司尚未履行完的一笔购销合同，甲律师事务所有权决定继续履行

  C. 甲律师事务所有权代表萱草公司管理和处分萱草公司的财产

  D. 甲律师事务所有权自行处分萱草公司的财产，无需经债权人委员会审议批准

  [考点] 破产管理人（职权）

(2) 萱草公司破产案件中，下列哪一主体的申报事项属于破产债权？（　　）

  A. 张女士于受理破产申请前被萱草公司保安人员殴打住院治疗，要求萱草公司赔偿拖欠的医疗费1万元

  B. 市劳动和社会保障局要求萱草公司补交职工各项社会保险费共计30万元

  C. 董事和高管因返还工资和奖金形成的债权，萱草公司将其列为拖欠职工工资顺序清偿

  D. 破产受理前针对萱草公司未终结的执行程序中，发生的财产的评估、拍卖费等共计5万元

  [考点] 破产债权

28. 萱草船舶制造有限公司因航运市场总体低迷，陷入经营困境，不能清偿到期债务且资不抵债，其破产申请于2019年11月11日被法院受理。请回答（1）~（4）题：

(1) 萱草公司的管理人向法院申请撤销的下列行为，哪些可以得到法院支持？（　　）

  A. 萱草公司与天海钢铁公司签订钢材买卖协议，根据该协议，萱草公司应于2019年10月1日向天海公司支付材料款200万元。2019年3月1日，萱草公司提前清偿了上述材料款

  B. 2018年12月，萱草公司将市场价格为200万元的零部件以50万元的价格出售给了关联企业

  C. 2019年1月，萱草公司将一笔借款变更为担保借款，将厂房作为抵押物抵押给了债权人

D. 2019年10月，萱草公司经法院强制执行，划拨了一笔200万元的款项

[考 点] 破产撤销权

(2) 管理人查明，萱草公司破产清偿率为10%。萱草公司曾为东方公司与建设银行的一笔150万元的贷款提供一般保证，该贷款合同于2020年6月到期。就该笔保证债权的处理，下列哪一项是正确的？（　　）

　　A. 因东方公司的主债务尚未到期，故建设银行不得申报其对萱草公司的保证债权

　　B. 因萱草公司是一般保证的保证人，故其可主张先诉抗辩权

　　C. 若东方公司该笔债务违约，萱草公司的管理人可以向东方公司主张150万元债务金额的求偿权

　　D. 若东方公司也被法院受理破产，且建设银行向二者分别全额申报，萱草公司履行保证责任后不可再向东方公司求偿

[考 点] 破产债权（保证人破产）

(3) 在萱草公司破产案件中，债权人主张抵销互负的债权债务。破产管理人提出的下列意见，可以依法成立的是：（　　）

　　A. 管理人认为，破产申请受理时债权人甲公司对萱草公司负有的债务尚未到期，不可抵销

　　B. 管理人主张，债权人乙公司和萱草公司互负债务的标的物种类以及品质不同，不可抵销

　　C. 管理人主张，萱草公司拖欠张某的货款10万元与张某欠缴萱草公司的出资款10万元，不可抵销

　　D. 丙公司主张抵销50万元："我公司欠萱草公司工程款100万元。在萱草公司破产申请受理后，M建材厂将其对萱草公司的50万元债权转移给我公司，以抵偿其欠我公司的债务。"管理人反对该主张

[考 点] 破产抵销权

(4) 管理人查明，萱草公司曾经从乙公司购买了一批货物，乙公司委托丙公司负责运送。就在乙公司把货物交付给丙公司发运的第10天，乙公司收到法院受理萱草公司破产申请的通知。乙公司立刻通知丙公司变更目的地。但由于该批货物已经距离萱草公司的仓库码头非常近，丙公司仍将该批货物运送到萱草公司并经验货入库。现就该批货物产生的纠纷，下列哪一选项的处理是正确的？（　　）

　　A. 本题中的货物已经交付萱草公司，故乙公司不得取回

　　B. 乙公司应当在萱草公司破产财产分配方案提交债权人会议表决前向管理人主张取回货物

C. 乙公司不得取回该批货物，但可以要求丙公司承担赔偿责任

D. 该批货物到达萱草公司后，乙公司仍然可以取回该批货物

[考 点] 取回权（在途货物的取回）

29. 2020 年 12 月，萱草公司委托甲公司代为保管一批货物，后甲公司未经萱草公司同意，将该批货物转让给乙公司，乙公司支付货款 138 万元。2021 年 8 月，甲公司的破产申请被法院受理。对此，下列说法正确的是：（ ）

   A. 若甲公司的转让行为发生在 2021 年 3 月，且乙公司善意取得，则萱草公司应当向管理人申报债权

   B. 若甲公司的转让行为发生在 2021 年 9 月，且乙公司善意取得，则萱草公司应当向管理人申报债权

   C. 若甲公司的转让行为发生在 2021 年 2 月，且乙公司刚刚支付价款即被萱草公司知晓，则萱草公司应当向管理人申报债权

   D. 若甲公司的转让行为发生在 2021 年 9 月，且乙公司刚刚支付价款即被萱草公司知晓，则乙公司可要求将已经支付的价款列为共益债务

[考 点] 权利人的取回权（违法转让）

30. 甲公司向乙公司出售一台大型设备，约定合同签订时甲公司向乙公司交付该大型设备，但在乙公司付清尾款之前，甲公司保留该大型设备的所有权。乙公司应当自设备交付后，每 2 个月向甲公司支付合同价款的 25%，分 4 期付清尾款。甲公司遂按约定向乙公司交付了设备。2016 年 5 月，乙公司被法院受理破产申请，此时，乙公司仅支付了 20% 的价款。对此，下列说法正确的是：（ ）

   A. 该买卖合同是否履行由甲公司与乙公司协商确定

   B. 若乙公司的管理人决定继续履行合同，应当按照原合同约定，每 2 个月向甲公司支付合同价款的 25%

   C. 若乙公司的管理人决定继续履行合同，甲公司有权要求乙公司一次性付清全部剩余价款

   D. 若乙公司的管理人决定解除合同，甲公司可取回设备，并在扣除设备损失后，将乙公司已支付价款返还

[考 点] 基于所有权保留买卖协议的取回权

专题 ❽ 破产法分论-重整、和解、破产清算程序

31. A 公司是特大型国有企业，因不能清偿到期债务，申请破产重整并被法院受理。A 公司拟定的重整计划草案拟引入机构投资者甲有限合伙企业作为重整方。请回答

（1）～（3）题：

（1）为了使得重整计划能尽快达成，重整计划设计了调整股权的方案，A公司的控股股东和实际控制人转让其全部股权给甲有限合伙企业。同时，A公司还欠数量众多的供货商金额不大的货款、门店的装修款，再加之近几年均不能足额发放职工工资，拖欠数额巨大的社会保险费用。本案涉及众多利益主体。关于A公司的重整计划的内容，下列哪些说法是正确的？（　　）

A. 依据债权金额，法院可决定在普通债权组中设小额债权组

B. 出资人权益调整事项应当由A公司股东会决议，而非在重整程序中表决

C. A公司拖欠的职工工资和补偿金等费用，因为无需进行债权申报，相关主体不再参加表决重整计划

D. A公司欠缴的应当划入职工个人账户的基本养老保险费用、基本医疗保险费用不得减免

E. A公司欠缴的应当划入统筹账户的社会保险费用不得减免

[考 点] 重整程序（重整计划）

（2）A公司召开债权人会议讨论重整计划。下列哪一选项的说法是正确的？（　　）

A. 重整期间，是指自法院裁定A公司重整之日起至重整计划执行终止的期间

B. 债权人会议需要依债权分类，分组对重整计划进行表决

C. 重整计划的通过需要经出席会议的债权人过半数同意，并且其所代表的债权额占债权总额的一半以上方可通过

D. 重整计划需要2/3以上表决组通过方可执行

[考 点] 重整程序（重整计划分组表决）

（3）萱草公司对A公司享有150万元的到期债权，但萱草公司在债权申报期间未申报。A公司重整计划执行完毕，所有普通债权人的清偿比例均为30%。对于萱草公司的债权，下列说法正确的是：（　　）

A. A公司无需承担偿还义务

B. 可依据A公司的重整方案，按同性质债权等比例清偿

C. 应由A公司全额清偿

D. A公司的重整方案对萱草公司同样具有法律效力

[考 点] 重整计划的执行

答案及解析

26. (1) [考点] 破产案件的申请（破产原因）

[答案] B

[解析] A 选项错误。虽然债务人账面资产大于负债，但"因资金严重不足或者财产不能变现等原因，无法清偿债务"，构成明显缺乏清偿能力，可以启动破产程序。（《破产法解释（一）》第 4 条第 1 项）

C 选项错误。相关当事人以对债务人的债务负有连带责任的人未丧失清偿能力为由，主张债务人不具备破产原因的，人民法院应不予支持。（《破产法解释（一）》第 1 条第 2 款）

D 选项错误。根据《破产法解释（一）》第 6 条第 2 款的规定，受理破产申请后，债务人拒不提交其财产状况说明等材料的，人民法院可以对其直接责任人员采取罚款等强制措施。所以，债务人企业即使没有提交其财产状况说明等材料，法院也不得以此作为拒绝受理其破产申请的理由。

(2) [考点] 破产案件受理的后果

[答案] C

[解析] A、B 选项错误。法院受理破产申请后，债务人不得对个别债权人清偿债务。（《企业破产法》第 16 条）由于清偿时间点为"受理破产申请后"，此后还需进行债权申报、债权人会议讨论各种方案，因此为保障债务人财产的稳定性，"受理后"的个别清偿无效。（不要混淆：宣告破产后可进行清偿）

C 选项正确。破产申请人对两种裁定可以上诉：不受理破产申请的裁定、驳回破产申请的裁定。

D 选项错误。涉及破产程序，法院只能作出"裁定"而非"判决"。具体的债务清偿方案由债权人会议讨论通过。

27. (1) [考点] 破产管理人（职权）

[答案] D

[解析] A 选项错误。管理人虽然向人民法院报告工作，但要接受债权人会议和债权人委员会的监督。管理人应当列席债权人会议，向债权人会议报告职务执行情况，并回答询问。（《企业破产法》第 23 条）

B 选项错误。人民法院受理破产申请后，管理人对破产申请受理前成立而债务人和对方当事人均未履行完毕的合同有权决定解除或者继续履行。（《企业破产法》第 18 条第1款）可知，只有双方均未履行完毕的合同是否继续履行的决定权在管理人手中，而B选项的合同一方已经履行完毕，正确处理方法是由对方（白云公司）申报债权。

C选项错误，D选项正确。管理人有权处分债务人财产，这是管理人的职权。C选项错在"代表"。

(2) [考点]破产债权
[答案]A
[解析]B选项不当选。职工债权无需申报，由管理人调查后列出清单并予以公示。（《企业破产法》第48条第2款）

C选项不当选。因返还工资形成的债权分两种情况处理：①按照该企业职工平均工资计算的部分作为拖欠职工工资清偿；②高出该企业职工平均工资计算的部分，可以作为普通破产债权清偿。（《破产法解释（二）》第24条第3款）

D选项不当选。法院受理破产申请前债务人尚未支付的执行费用，可以参照《企业破产法》关于破产费用的规定，由债务人财产随时清偿。（《破产法解释（三）》第1条第1款）所以D选项中的财产的评估费、拍卖费不列入"破产债权"。

28. (1) [考点]破产撤销权
[答案]BC
[解析]A选项不当选。A选项中的"清偿日"距离"破产申请受理日"超过6个月，且债务在破产申请受理前已到期，故该清偿未到期债务的行为有效，不可撤销。（《破产法解释（二）》第12条）

B选项当选。该行为属于"法院受理破产申请前1年内，以明显不合理的价格进行交易"的行为，是可撤销行为。（《企业破产法》第31条第2项）

C选项当选。该行为属于"法院受理破产申请前1年内，对没有财产担保的债务提供财产担保"的行为，是可撤销行为。（《企业破产法》第31条第3项）

D选项不当选。除债务人与债权人恶意串通损害其他债权人利益外，债务人经诉讼、仲裁、执行程序对债权人进行的个别清偿的，不可撤销。（《破产法解释（二）》第15条）

(2) [考点]破产债权（保证人破产）
[答案]D
[解析]A选项错误。保证人被裁定进入破产程序的，债权人有权申报其对保证人的保证债权。主债务未到期的，保证债权在保证人破产申请受理时视为到期。（《破产法解释（三）》第4条第1、2款）

B选项错误。保证人被裁定进入破产程序，一般保证的保证人主张行使先诉抗辩权的，人民法院不予支持。(《破产法解释（三）》第4条第2款)

C选项错误。保证人被确定应当承担保证责任的，其管理人可以就保证人实际承担的清偿额向主债务人或其他债务人行使求偿权。(《破产法解释（三）》第4条第3款)所以，C选项中萱草公司的管理人可以就实际清偿额15万元行使求偿权。

D选项正确。债务人、保证人均被裁定进入破产程序，债权人向债务人、保证人均申报全部债权的，保证人履行保证责任后不再享有求偿权。(《破产法解释（三）》第5条第2款)

(3) [考点]破产抵销权

[答案]CD

[解析]A、B选项不当选。《破产法解释（二）》第43条规定："债权人主张抵销，管理人以下列理由提出异议的，人民法院不予支持：①破产申请受理时，债务人对债权人负有的债务尚未到期；②破产申请受理时，债权人对债务人负有的债务尚未到期；③双方互负债务标的物种类、品质不同。"

C选项当选。法律关系1：债务人对债务人股东所负的债务；法律关系2：债务人股东因欠缴债务人的出资或者抽逃出资对债务人所负的债务。(《破产法解释（二）》第46条第1项）因二者法律关系不同，不可抵销。

D选项当选。丙公司获得M建材厂债权的时间是在萱草公司被受理破产申请之后，依据《企业破产法》第40条第1项的规定，不得抵销。

(4) [考点]取回权（在途货物的取回）

[答案]D

[解析]D选项正确。出卖人通过通知承运人或者实际占有人中止运输等方式，对在运途中标的物主张了取回权但未能实现的，在买卖标的物到达管理人后，出卖人仍有权向管理人主张取回。(《破产法解释（二）》第39条第1款)

29. [考点]权利人的取回权（违法转让）

[答案]AD

[解析]B选项错误。因为转让行为发生在破产申请受理后，所以正确处理是"作为共益债务"清偿。(《破产法解释（二）》第30条第2项)

C选项错误。乙公司尚未完成货物交付，不符合"善意取得"的条件，萱草公司作为原权利人，可以取回该批货物。(《破产法解释（二）》第31条)

30. [考点] 基于所有权保留买卖协议的取回权

[答案] CD

[解析] 本题的大前提是签订了"所有权保留买卖协议",现在买受方(乙公司)破产。根据《破产法解释(二)》第37条第1款、第38条的规定,该类合同处理规则如下:

(1) 双方签订了"所有权保留买卖协议",在标的物的所有权转移给买受人前,买受人破产的,该买卖合同属于双方均未履行完毕的合同,管理人有权解除或者继续履行合同。故A选项错误,错在"双方协商"。

(2) 买受人破产,其管理人决定继续履行所有权保留买卖合同的,原买卖合同中约定的买受人支付价款或者履行其他义务的期限在破产申请受理时视为到期,买受人管理人应当及时向出卖人支付价款或者履行其他义务。故B选项"按照原合同约定履行"错误,C选项"一次性(及时)付清全部剩余价款"正确。

(3) 买受人破产,其管理人决定解除所有权保留买卖合同的,出卖人有权主张取回买卖标的物,同时要返还买受人已支付价款。取回的标的物价值明显减少给出卖人造成损失的,出卖人可从买受人已支付价款中优先予以抵扣后,将剩余部分返还给买受人。故D选项正确。

31. (1) [考点] 重整程序(重整计划)

[答案] AE

[解析] 根据《企业破产法》第82、83条和第85条第2款的规定,重整计划表决采取下列规则:

❶下列各类债权的债权人分类、分组对重整计划草案进行表决:

其一,对债务人的特定财产享有担保权的债权;

其二,债务人所欠职工的工资和医疗、伤残补助、抚恤费用,所欠的应当划入职工个人账户的基本养老保险、基本医疗保险费用,以及法律、行政法规规定应当支付给职工的补偿金;

其三,债务人所欠税款;

其四,普通债权。(可在该组类别下设小额债权组)

重整计划草案涉及出资人权益调整事项的,应当设出资人组,对该事项进行表决。

❷重整计划不得规定减免债务人欠缴的上述"其二"以外的社会保险费用;该项费用的债权人不参加重整计划草案的表决。

综上,A、E选项正确。

(2) [考点]重整程序（重整计划分组表决）

[答案]B

[解析]A选项错误，错在重整期间的终点，不是"重整计划执行终止"。《企业破产法》第72条规定："自人民法院裁定债务人重整之日起至重整程序终止，为重整期间。"

B选项正确，C选项错误。重整计划由债权人会议分组讨论通过；每组内通过的程序为"人数过半+债权额占该组债权总额的2/3以上"通过。C选项忽视了"分组表决"。

D选项错误，错在"2/3以上表决组"，应当为各表决组均通过重整计划草案，并且重整计划要经法院裁定批准。

(3) [考点]重整计划的执行

[答案]BD

[解析]经人民法院裁定批准的重整计划，对债务人和全体债权人均有约束力。债权人未依法申报债权的，在重整计划执行完毕后，可以按照重整计划规定的同类债权的清偿条件行使权利。(《企业破产法》第92条第1、2款)

综上，B、D选项正确。

第4讲 票据法

专题 ⑨ 票据法律制度

32. 张某拾得金额为8000元的汇票一张，遂模仿前手的笔迹在票据上签章后送给其女友王某，王某对此并不知情。现王某在汇票到期日持票要求银行付款，银行在审查票据签章时，发现张某签章笔迹不连贯，遂发现该票据签章系伪造。对于王某的付款请求，下列说法正确的是：（　　）

A. 根据票据无因性原则，银行应当支付
B. 该票据签章系伪造，票据无效，银行得以拒绝支付
C. 张某取得票据不合法，但因王某不知情，银行应当支付
D. 张某取得票据不合法，且王某无对价取得该票据，银行得以拒绝支付

[考点] 票据权利（权利瑕疵）

33. 甲公司向乙公司签发了一张银行承兑汇票，并约定货物交付给甲公司后，乙公司才能提示付款。乙公司将汇票背书转让给丙公司，丙公司将汇票背书转让给丁公司。丁公司向银行提示付款时，银行告知丁公司，乙公司未向甲公司交付货物，甲公司指示银行不得付款，而且甲公司未将汇票金额存入银行，银行不能向丁公司付款。现丁公司向乙公司行使追索权。下列说法正确的是：（　　）

A. 银行有权拒绝向丁公司付款
B. 如果丁公司向甲公司行使追索权，甲公司无权抗辩
C. 如果丁公司明知甲公司和乙公司的约定，仍向甲公司行使追索权，甲公司有权抗辩
D. 如果乙公司向甲公司行使追索权，甲公司无权抗辩

[考点] 票据抗辩（对人抗辩事由）

34. 甲公司因合同关系向乙公司签发了一张以丙银行为付款人的汇票。请回答（1）（2）题：

（1）下列关于乙公司收到该汇票后的处理，哪位同学的说法是正确的？（　　）

A. 李同学认为，乙公司背书转让时不得附加任何条件

B. 王同学认为，若甲公司在出票时于汇票上记载"不得转让"字样，则乙公司不可背书转让，但可将该票据权利质押

C. 赵同学认为，若乙公司在背书时于汇票上记载"不得转让"字样，则乙公司对其后手均不承担票据责任

D. 郑同学认为，该票据在公示催告期间被质押的，因质押而接受该票据的持票人可享有票据权利

[考　点] 票据行为（背书）

（2）乙公司将汇票背书转让给大华公司，并在票据上记载"该张汇票禁止转让"。丁公司为大华公司建造一栋楼房，大华公司又将该汇票背书转让给丁公司用以支付工程款。戊公司在汇票上注明"如果丁公司建造的楼房质量合格，戊公司愿做此汇票的保证人"并签章。后来丁公司建造的楼房被认定为不合格。现丁公司向丙银行提示付款，发现丙银行已经被宣告破产。关于本案，丁公司可以向哪些主体主张票据追索权？（　　）

A. 甲公司　　　　　　　　B. 乙公司

C. 大华公司　　　　　　　D. 戊公司

[考　点] 附条件背书

35. 甲公司和乙公司于2016年3月1日签订了一份货物买卖合同，约定3日内乙公司向甲公司交付首批货物，并于同日由甲公司签发一张10万元的支票作为首付款。但是乙公司未按照合同约定的期限交付首批货物。随后，乙公司将该支票背书转让给丙公司。现丙公司就该支票向付款银行请求付款，被银行拒绝。下列选项构成银行拒绝付款的正当理由的有：（　　）

A. 银行发现该支票记载的付款日期为4月2日，故认定该支票记载事项违法、无效

B. 银行查明付款日甲公司在付款银行的实存金额为8万元

C. 银行发现该支票与甲公司预留印鉴不符

D. 甲公司已告知银行乙公司违约，并通知银行停止付款

[考　点] 支票（出票、付款规则）

答案及解析

32. [考点] 票据权利（权利瑕疵）

[答案] D

[解析] D 选项正确。注意本题有两个前提：①张某拾得票据，即张某无票据权利；②张某把票据送给王某，即王某无偿取得该票据。上述两个前提同时具备，付款人可以拒绝付款。《票据法》第 11 条第 1 款规定："因税收、继承、赠与可以依法无偿取得票据的，不受给付对价的限制。但是，所享有的票据权利不得优于其前手的权利。"

33. [考点] 票据抗辩（对人抗辩事由）

[答案] BC

[解析] A 选项错误。《票据法》第 44 条规定："付款人承兑汇票后，应当承担到期付款的责任。"本题中，该张票据是有效票据，且银行进行了承兑，故应当承担到期付款的责任，银行不能以自己和出票人之间的抗辩事由对抗持票人。

B 选项正确。如果丁公司向甲公司行使追索权，甲公司不能以自己和丁公司的前手之间的抗辩事由对抗丁公司。

C 选项正确。如果丁公司明知甲公司和乙公司之间的抗辩事由，此时甲公司就可以以自己和乙公司之间的抗辩事由对抗丁公司。

D 选项错误。甲公司和乙公司之间具有直接债权债务关系，因此，乙公司向甲公司行使追索权时，甲公司有权抗辩。

34. (1) [考点] 票据行为（背书）

[答案] A

[解析] A 选项正确。《票据法》第 33 条第 1 款规定："背书不得附有条件。背书时附有条件的，所附条件不具有汇票上的效力。"

B 选项错误。出票人在汇票上记载"不得转让"字样的，汇票不得转让。（《票据法》第 27 条第 2 款）并且，其后手以此票据进行质押，通过质押取得票据的持票人主张票据权利的，人民法院不予支持。（《票据纠纷规定》第 52 条）

C 选项错误。背书人在汇票上记载"不得转让"字样，其后手再背书转让的，原背书人对后手的被背书人不承担保证责任。（《票据法》第 34 条）所以，乙公司要对其直接后手承担保证责任。

D 选项错误。在公示催告期间，以公示催告的票据质押，因质押而接受该票据的持票人主张票据权利的，人民法院不予支持，但公示催告期间届满以后人民法院作出除权判决以前取得该票据的除外。(《票据纠纷规定》第33条)

(2) [考点] 附条件背书

[答案] AD

[解析] B选项不当选。背书人在汇票上记载"不得转让"字样，其后手再背书转让的，原背书人对后手的被背书人不承担保证责任。(《票据法》第34条) 因为乙公司已经记载"禁止转让"字样，所以乙公司仅对其直接后手（大华公司）承担保证责任，乙公司可以对丁公司进行抗辩。

C选项不当选。票据债务人可以对不履行约定义务的与自己有直接债权债务关系的持票人，进行抗辩。(《票据法》第13条第2款) 本题中，丁公司和大华公司具有"直接债权债务关系"，且丁公司违约，所以大华公司可以对丁公司进行抗辩。

35. [考点] 支票（出票、付款规则）

[答案] BC

[解析] A选项不当选。支票限于见票即付，不得另行记载付款日期。另行记载付款日期的，该记载无效。(《票据法》第90条) 由此可知，支票是有效的，仅是记载的付款日期无效，所以银行不得拒付。

B选项当选。《票据法》第89条规定："出票人必须按照签发的支票金额承担保证向该持票人付款的责任。出票人在付款人处的存款足以支付支票金额时，付款人应当在当日足额付款。"

C选项当选。《票据法》第88条规定："支票的出票人不得签发与其预留本名的签名式样或者印鉴不符的支票。"

D选项不当选。根据票据的无因性原理，即使出现票据基础关系无效（如合同违约），票据的效力也不受影响。

第5讲 保险法

专题 ⑩ 保险法律制度

36. 2022年,赵某为妻子小梅投保A保险公司推出的递增型养老保险,受益人为小梅。合同约定,保险费年缴,分10年付清,保险期限为终身。2023年,二人离婚,但双方均未告知保险人。请回答(1)(2)题:

(1) "保险利益原则"要求投保人或者被保险人对保险标的具有法律上承认的利益。本案中,关于离婚是否导致赵某丧失保险利益,出现了下列争论,哪些说法是正确的?(   )

　　A. 该原则的根本目的是解决理赔难的问题以及维护投保人和被保险人的利益

　　B. 法院在审理人身保险合同纠纷案件时,需要主动审查投保人订立合同时是否具有保险利益

　　C. 本案赵某因离婚丧失对其妻小梅的保险利益,可导致保险合同无效

　　D. 本案保险合同订立时二人是夫妻,即可认定具备保险利益

[考　点] 人身保险合同的订立(保险利益)

(2) 2024年8月,赵某向A保险公司提出解除上述保险合同,并取得3000余元的保险单的现金价值。小梅得知此事后发生纠纷。就该案的下列处理,哪些符合法律规定?(   )

　　A. 小梅是被保险人和受益人,解除该份保险合同应当经过她的同意

　　B. 赵某可以自主决定解除保险合同,无需经过被保险人小梅同意

　　C. 赵某有权解除保险合同,同时,小梅作为受益人,可主张取得保险单的现金价值

　　D. 若小梅已经向赵某支付了3000余元款项并告知了A保险公司,则其可主张该解除保险合同无效

[考　点] 人身保险合同的解除

37. 订立人身保险合同时，保险人就保险标的或者被保险人的有关情况提出询问的，投保人应当如实告知。关于投保人如实告知义务的判断，下列选项符合法律规定的是：（　　）

A. 孙某于 2015 年 3 月投保医疗保险时在保险公司指定医院体检，体检结果正常，现保险公司调查发现，孙某于 2014 年 8 月患有鼻咽癌，此时保险公司可解除合同

B. 保险公司于 2016 年 2 月得知投保人张某故意篡改病历，但仍收取其保险费的，不得主张解除合同

C. 投保人王某未如实回答投保单询问表中所列"其他疾病"条款的，保险人可以解除合同

D. 投保人和保险人对询问范围及内容有争议的，应当由投保人负举证责任

[考点] 保险合同的订立（投保人义务）

38. 受益人，是指人身保险合同中由被保险人或者投保人指定的享有保险金请求权的人。A 保险公司今年处理多起受益人纠纷。请回答（1）（2）题：

（1）下列案件中均出现受益人指定不明的情形，哪些处理不符合法律规定？（　　）

A. 王某为自己投保终身寿险时，受益人一栏注明"法定"，保险金额为 20 万元。后王某死亡，有遗产共计 8 万元，但王某向刘东借款 10 万元一直未还。现刘东要求王某的继承人用 20 万元保险金清偿该笔借款

B. 章某为自己购买了一份人身保险合同，受益人注明"妻子小芳"。后二人离婚，章某再娶小丽。章某死亡时，该份保险单的受益人是前妻小芳

C. 刘某为自己投保终身寿险时，受益人一栏注明"配偶"。2015 年 1 月，刘某离婚再娶。现刘某死亡，刘某的原配偶是该份保险单的受益人

D. 上述 C 选项中，刘某死亡时，刘某的现配偶是该份保险单的受益人

[考点]（人保）受益人约定不明的处理

（2）A 保险公司另一起受益人纠纷是：林某于 2018 年为自己投保人寿保险，指定受益人为林妻、林大（长子）、林二（次子），林妻的受益比例为 4/10，两个儿子各为 3/10。2020 年，林大因车祸去世，其继承人为妻子和女儿。2023 年 5 月，林某去世。下列哪一选项的处理符合法律规定？（　　）

A. 林大先于林某死亡，林大相应的受益份额应当作为林某的遗产，由其继承人依据民法继承

B. 林大应得的受益份额由林妻和林二按照相应比例享有

C. 林大享有的 3/10 的受益份额应当由林大的妻女继承

D. 林某投保时没有约定受益顺序，故林大的受益份额应当由其他受益人均分

[考点]（人保）受益人份额

39. 李某于2015年4月为自己及妻子、儿子购买了人寿健康一生两全保险，保险期间为30年。李某在本镇火车站附近开设一家茶馆聚众吸毒。2016年3月3日夜，该地派出所接到举报，联手特警大队赶赴毒窝，在现场抓捕涉毒人员时遭到李某强力反抗，李某被当场击毙，李某的儿子被警方抓获。李妻第2日得知此事自杀身亡。现李某的继承人向保险公司索赔。就该案的下列处理，哪些符合法律规定？（　　）

A. 保险公司拒绝向李某的继承人承担给付保险金责任的，应当证明李某的死亡与其实施的故意犯罪行为之间存在因果关系

B. 李某的儿子在羁押期间因意外导致伤残的，保险公司可因其故意犯罪事实而拒绝承担给付保险金的责任

C. 保险公司以被保险人自杀为由，拒绝承担给付保险金的责任的，由保险公司承担举证责任

D. 李妻的继承人主张李妻因精神分裂症发作自杀的，保险公司拒绝理赔时需要证明李妻自杀时完全无民事行为能力

[考点] 特殊人身保险事故的处理（自杀）

40. 王某所在用人单位按照法律规定为全体员工缴纳社会保险。王某担心社保的保障力度不足，于是自己又投保泰康住院费用补偿型医疗保险，保险金额为2万元，每年缴纳保险费1200元。该商业保险合同约定，因意外或疾病在"定点医院"住院的，每次免赔500元，医疗费用报销90%，依据基本医疗保险标准核定保险金。保险责任期间，王某因宫外孕大出血被送至离家最近的医院进行急诊手术，实际产生的医疗费用为16 000元。在王某向泰康保险公司索赔时，该保险公司法律顾问的下列答复，哪项是正确的？（　　）

A. 该保险公司按保险合同报销住院费时，为防止重复受偿，应当扣减王某从社会医疗保险中取得的赔偿金额

B. 如果该保险公司在销售该保险产品时未实施差别费率，那么在赔付时就不得扣除社会医疗保险所支付给王某的费用

C. 如果王某没有在医保定点医院住院，那么该保险公司可以拒绝给付保险金

D. 如果王某在抢救过程中，超出基本医疗保险范围的药品共计3200元，那么该保险公司可以对该部分医保外的支出拒绝给付保险金

[考点] 费用补偿型医疗保险

41. A保险公司处理的下列财产保险纠纷中，符合法律规定的是：（　　）

A. 甲园区为进驻本园区的所有小企业投保财产火灾险，现甲园区因管理不善发生火灾，A保险公司赔偿保险金后有权向甲园区代位求偿

B. 乙食品公司曾在运输合同中签订了放弃对B运输公司追偿货损的条款，现B运输公司

在运输中因冷冻设备故障造成乙公司食品变质，A保险公司依据保险合同向乙公司赔偿保险金后有权向B运输公司代位求偿

C. 丁纺织厂为扑灭大火花费2万元，但该施救措施未能阻止火灾蔓延，大火仍然造成数百万元的损失，A保险公司不予支付该笔费用

D. 车主王某为自己的汽车投保汽车财产险，现被李某追尾，A保险公司赔偿后向李某提起代位求偿权之诉的，应当以保险标的所在地来确定管辖法院

E. 保险代位求偿权的权利基础限于第三者对保险标的的侵权损害赔偿请求权

[考点] 财产保险事故的处理

答案及解析

36. （1）[考点] 人身保险合同的订立（保险利益）

[答案] BD

[解析] A选项错误。"保险利益原则"的目的在于防止发生道德风险，禁止将保险作为赌博的工具以及出现故意诱发保险事故而牟利的企图。该原则的目的并不是解决理赔难的问题以及维护投保人和被保险人的利益。

B选项正确。《保险法解释（三）》明确了法院对人身保险利益的主动审查原则，防范道德风险。

C选项错误，D选项正确。人身保险要求投保人在"合同订立时"具有保险利益而不是"事故发生时"。《保险法解释（三）》第4条规定："保险合同订立后，因投保人丧失对被保险人的保险利益，当事人主张保险合同无效的，人民法院不予支持。"

（2）[考点] 人身保险合同的解除

[答案] BD

[解析] C选项不当选。"保险单的现金价值"可简单理解为"保费的收益"，而保费是由"投保人"缴纳的，所以保险单的现金价值是退还给"投保人"的。《保险法解释（三）》第16条第1款规定："保险合同解除时，投保人与被保险人、受益人为不同主体，被保险人或者受益人要求退还保险单的现金价值的，人民法院不予支持，但保险合同另有约定的除外。"

B、D选项当选，A选项不当选。《保险法解释（三）》第17条规定："投保人解除保险合同，当事人以其解除合同未经被保险人或者受益人同意为由主张解除行为无效的，人民法院不予支持，但被保险人或者受益人已向投保人支付相当于保险单现金价值的款项并通知保险人的除外。"理论上可简称为"被保险人赎买权"。

37. [考点] 保险合同的订立（投保人义务）

[答案] AB

[解析] A 选项当选。保险公司可以解除合同。投保人明知的与保险标的或者被保险人的有关情况，应当如实告知。并且，人身保险中"体检不免除如实告知义务"，保险人在合同订立时指定医疗服务机构对被保险人进行体检，当事人主张投保人如实告知义务免除的，人民法院不予支持。(《保险法解释（三）》第5条第1款)

B 选项当选。保险人在保险合同成立后知道或者应当知道投保人未履行如实告知义务，仍然收取保险费的，不得依据"未如实告知"主张解除合同。(《保险法解释（二）》第7条)

C 选项不当选。"概括性条款"在法律体系及法律规范中往往起到"框架搭建、总括兜底"的功能，并无具体内容。所以，投保人违反了投保单询问表中所列概括性条款的如实告知义务的，保险人不得以此为由请求解除合同。(但概括性条款有具体内容的除外。不过 C 选项没有涉及该点，无需考虑。)

D 选项不当选。当事人对询问范围及内容有争议的，保险人负举证责任。(《保险法解释（二）》第6条第1款)

38. (1) [考点] (人保) 受益人约定不明的处理

[答案] ABC

[解析] A 选项不当选。受益人约定为"法定"或者"法定继承人"的，以《民法典》规定的法定继承人为受益人。所以，A 选项中的这份保单是有合法受益人的，"20万元保险金"不属于王某的遗产。王某的继承人只在遗产8万元内对王某生前的债务承担清偿责任。

B 选项不当选。该种情形属于"未指定受益人"。"妻子"表明身份关系，"小芳"是姓名。后来两人离婚，符合"保险事故发生时身份关系发生变化"，这种情形的处理是"认定为未指定受益人"，保险金作为死者的遗产继承。

C 选项不当选，D 选项当选。"配偶"只表明了身份关系，如果投保人与被保险人为同一主体，根据保险事故发生时与被保险人的身份关系确定受益人。所以以刘某死亡时的"现配偶"为受益人，而非"原配偶"。

(2) [考点] (人保) 受益人份额

[答案] B

[解析] 受益权的性质是"期待权"，只有当被保险人发生保险事故时，受益人才可享有保险金请求权。本题中，受益人林大先于被保险人林某死亡，所以林大的受益权落空。根据《保险法解释（三）》第12条的规定，投保人或者被保险人指定数人为受

益人，部分受益人在保险事故发生前死亡、放弃受益权或者依法丧失受益权的，该受益人应得的受益份额按照保险合同的约定处理；保险合同没有约定或者约定不明的，"依据受益顺序、受益份额比例"由其他受益人分配。

A选项不当选。受益份额作为被保险人（林某）的遗产，应当由其他受益人分配。

C选项不当选。受益份额"由林大的妻女继承"的说法错误，因为林大死亡，其受益权已经落空，故无法被继承。

D选项不当选，错在"均分"。本题的情形为"未约定受益顺序但约定受益份额"，正确处理是：由其他受益人按照相应比例享有。

39. [考点] 特殊人身保险事故的处理（自杀）

[答案] AC

[解析] A选项当选。保险人应当证明被保险人的死亡、伤残结果与其实施的故意犯罪或者抗拒依法采取的刑事强制措施的行为之间存在因果关系。（《保险法解释（三）》第23条第1款）

B选项不当选。被保险人在羁押、服刑期间因意外或者疾病造成伤残或者死亡的，保险人仍应承担给付保险金的责任。（《保险法解释（三）》第23条第2款）

C选项当选。保险人以被保险人自杀为由拒绝给付保险金的，由保险人承担举证责任。（《保险法解释（三）》第21条第1款）

D选项不当选。应当由受益人或者被保险人的继承人承担举证责任。《保险法解释（三）》第21条第2款规定："受益人或者被保险人的继承人以被保险人自杀时无民事行为能力为由抗辩的，由其承担举证责任。"

40. [考点] 费用补偿型医疗保险

[答案] B

[解析] A选项错误，B选项正确。保险人给付费用补偿型的医疗费用保险金时，主张扣减被保险人从公费医疗或者社会医疗保险取得的赔偿金额的，应当证明该保险产品在厘定医疗费用保险费率时已经将公费医疗或者社会医疗保险部分相应扣除，并按照扣减后的标准收取保险费。（《保险法解释（三）》第18条）A选项缺少保险人证明的前提，B选项明确实行差别费率。

C选项错误。被保险人因情况紧急必须立即就医的，不受在保险合同约定的医疗服务机构接受治疗的限制。（《保险法解释（三）》第20条）

D选项错误。该保险公司以药品超出范围，拒绝赔偿是错误的。《保险法解释（三）》第19条规定，保险合同约定按照基本医疗保险的标准核定医疗费用，保险人以被保险人的医疗支出超出基本医疗保险范围为由拒绝给付保险金的，人民法院不予支持。

41. [考点]财产保险事故的处理

[答案] A

[解析] A选项当选。根据《保险法解释（四）》第8条的规定，除法律另有规定或者保险合同另有约定外，投保人和被保险人为不同主体，因投保人对保险标的的损害而造成保险事故的，保险人有权依法主张代位行使被保险人对投保人请求赔偿的权利。A选项中，投保人为甲园区，被保险人为小企业，二者为不同主体，所以保险人（A保险公司）向被保险人（小企业）赔偿后，享有对投保人（甲园区，因为甲园区是侵权人）的代位求偿权。

B选项不当选。在保险人以第三者为被告提起的代位求偿权之诉中，被保险人在保险合同订立前已放弃对第三者请求赔偿的权利，并且人民法院认定上述放弃行为合法有效，保险人就相应部分主张行使代位求偿权的，人民法院不予支持。（《保险法解释（四）》第9条第1款）

C选项不当选。施救费用属于"为防止或者减少保险标的的损失所支付的必要、合理费用"，应当由保险人承担。（《保险法解释（四）》第6条）

D选项不当选，错在"依据保险标的所在地"。《保险法解释（四）》第12条规定："保险人以造成保险事故的第三者为被告提起代位求偿权之诉的，以被保险人与第三者之间的法律关系确定管辖法院。"

E选项不当选。从立法目的来看，规定保险代位求偿权制度，是为了避免财产保险的被保险人因保险事故的发生，分别从保险人及第三者处获得赔偿，取得超出实际损失的不当利益，并因此增加道德风险。所以，不能将该条款中的"损害"仅理解为"侵权损害"，还应包括"第三者违约"造成保险标的的损害。

第6讲 证券业法律制度与信托法律制度

专题 11 证券业法律制度与信托法律制度

42. 甲在证券市场上陆续买入萱草股份公司有表决权的股份。在买入过程中发生下列情况，哪一选项的处理是正确的？（　　）

A. 甲持有萱草公司上述股份达到5%时，3日内不得买卖萱草公司的股票

B. 若甲在持有萱草公司股份达到5%后继续买入，增加比例达到1%时应通知并公告，2日内不得买卖萱草公司的股票

C. 若甲在持有萱草公司股份达到5%后继续买入，每增加5%时应通知并公告，2日内不得买卖萱草公司的股票

D. 若甲隐瞒其持有萱草公司股份达到5%的事实，继续买入至7%才被证券监督管理机构发现，因其行为违法，故应撤销其先前购买股票的行为

考点 证券交易-报告通知规则

43. "萱草咖啡"是在我国和A国证券交易所同时上市的公司。萱草公司在编制2022年年度财务会计报告时，监事张某对该报告中公司毛利润数据有异议，但并无确切证据。后经调查发现，萱草公司虚假提升销售收入、成本、利润率等关键营销指标，并通过多种渠道对外广泛宣传。调查结果一经公布，萱草公司的股票价格暴跌，给证券投资者造成巨大损失，并被A国证券监督管理机构责令退市。请回答（1）~（3）题：

（1）就该年度财务会计报告的信息披露，下列说法正确的有：（　　）

A. 监事张某应当在书面确认意见中发表意见并陈述理由，萱草公司应当披露

B. 若萱草公司不予披露张某的异议，张某可通过自媒体直接披露

C. 萱草公司可以自愿披露与投资决策有关的信息，但不得与其依法披露的信息冲突

D. 萱草公司的控股股东甲公司曾于2周前在央视财经频道公开作出大幅增资萱草公

司的承诺，无需另行披露

[考点] 信息披露（报告制度）

(2) 萱草公司因虚假披露信息导致股票价格暴跌，给证券投资者造成巨大损失。下列哪些说法是错误的？（　　）

   A. 大江律师事务所出具的法律意见书有重大遗漏，该律所以及承办业务的律师应当与萱草公司承担连带赔偿责任
   B. 萱草公司股票在A国退市的，我国证券监督管理机构无权处理其境外的证券欺诈
   C. 萱草公司的实际控制人王某因独立于该公司，无需承担证券欺诈的法律责任
   D. 萱草公司的董事李某在没有过错的情况下，也应当承担证券欺诈的法律责任

[考点] 证券欺诈民事赔偿

(3) 经我国证监会认定，萱草公司连续实施系统性财务造假约300亿元，涉案金额巨大。据估计，本案的原告人数可能达到数万人，索赔规模或达数亿元。现中证投服中心（投资人保护机构）接受了多名投资者的委托。如果本案采取特别代表诉讼程序审理，下列哪些说法是正确的？（　　）

   A. 中证投服中心至少要征求到50名符合条件的权利人委托
   B. 股民栗子没有明确表示不参加该诉讼的，诉讼结果对栗子具有法律效力
   C. 法院作出的判决、裁定，只对向法院进行了权利登记的投资者发生效力
   D. 若萱草公司被申请破产重整并被法院受理，则上述集体诉讼应当终止

[考点] 证券欺诈民事赔偿；特别代表人诉讼

44. 关于投资者的保护，根据《证券法》的相关规定，下列哪一选项是正确的？（　　）

   A. 所有投资者与证券公司发生证券业务纠纷，投资者提出调解请求的，均不得拒绝
   B. 若投资者保护机构持有某股份公司的股份不足1%，则无权提起股东代表诉讼
   C. 投资者保护机构可以先行赔付受到证券欺诈发行损失的投资者
   D. 投资者保护机构作为征集人，自行公开征集股东权利的，可以适当支付股东报酬

[考点] 投资者保护

45. 关于证券投资基金，下列说法错误的是：（　　）

   A. 根据基金的运作方式不同，可分为开放式基金与封闭式基金
   B. 根据基金的募集范围不同，可分为公募基金与私募基金
   C. 基金行业协会办理公开募集基金的登记、备案
   D. 私募基金可面向所有有投资意愿的投资者进行募集

[考点] 证券投资基金的分类

46. 2015 年，张某设立"弘兴家族信托"，为自己名下包括房产、股权在内的约 10 亿元财产设置信托，委托弘兴信托管理，并在瑞新银行开设账户，管理这笔资金。请回答（1）~（3）题：

(1) 关于信托当事人，根据我国《信托法》的规定，下列哪些表述是正确的？（　　）

　　A. 本案受托人弘兴信托可以是法人或者依法成立的其他组织

　　B. 本案委托人张某有权将自己同时设为受益人，甚至可以是同一信托的唯一受益人

　　C. 本案委托人弘兴信托也可以是受益人，但不得是唯一受益人

　　D. 受益人自委托人指定受益人之日起享有信托受益权

　　[考 点] 信托当事人

(2) 关于信托财产，根据我国《信托法》的规定，下列哪些表述是正确的？（　　）

　　A. 受托人死亡或依法解散等原因而终止，信托财产不属于其遗产或清算财产

　　B. 受托人管理运用或处分信托财产所产生的债权，可以与其固有财产产生的债务相抵销

　　C. 受托人管理运用或处分不同委托人的信托财产所产生的债权债务不得相互抵销

　　D. 受托人一律不得将其固有财产与信托财产进行交易

　　E. 委托人将财产转移给受托人以后，委托人对转移的这部分财产不再拥有处分权

　　[考 点] 信托财产

(3) 现查明，张某指定儿子张一以及两个孙子为受益人，在设置信托前，张某的公司已经诉讼缠身。张某在债权人甲私募股权公司申请法院对其财产保全前夕设置了该信托，并且在和甲公司的诉讼过程中，张某未通过弘兴信托直接要求瑞新银行转款超千万元用于购买房产供个人使用。2023 年，张某在与甲公司的诉讼中败诉，共欠对方逾亿元。此时，张某已无其他财产可供执行。就该案，下列哪些说法是正确的？（　　）

　　A. 该案房屋在信托设置前已经被抵押给甲公司，故甲公司有权申请法院对该房屋强制执行

　　B. 甲公司有权申请法院撤销该信托，并主张所有受益人返回已经取得的信托利益

　　C. 张某有权了解信托财产的管理运用、处分及收支情况，并有权直接处分信托财产

　　D. 信托财产既与委托人的其他财产相区别，也与属于受托人所有的财产相区别

　　[考 点] 信托财产

答案及解析

42. 考点 证券交易—报告通知规则

答案 A

解析 B 选项错误。在甲持有萱草公司股份达到首次 5% 后，其后甲所持股份比例每增减 1%，应当通知并公告。（《证券法》第 63 条第 3 款）但是，《证券法》并没有规定禁止交易。

C 选项错误，错在"2 日"。《证券法》第 63 条第 2 款将该禁止交易的时间统一规定为"在该事实发生之日起至公告后 3 日内"。

D 选项错误。虽然甲没有履行收购的公告义务，但该收购股份交易有效。该选项的正确处理是：在甲买入后的 36 个月内，对该超过规定比例部分的股份不得行使表决权。（《证券法》第 63 条第 4 款）

43. (1) 考点 信息披露（报告制度）

答案 AC

解析 A 选项正确。《证券法》第 82 条第 4 款规定："董事、监事和高级管理人员无法保证证券发行文件和定期报告内容的真实性、准确性、完整性或者有异议的，应当在书面确认意见中发表意见并陈述理由，发行人应当披露。发行人不予披露的，董事、监事和高级管理人员可以直接申请披露。"

B 选项错误，不可通过"自媒体"披露。监事张某虽然可以"直接申请披露"，但披露的方式仍然要符合法律规定。就信息披露义务人而言，"依法披露的信息，应当在证券交易场所的网站和符合国务院证券监督管理机构规定条件的媒体发布，同时将其置备于公司住所、证券交易场所，供社会公众查阅"（《证券法》第 86 条）。

C 选项正确；D 选项错误，控股股东甲公司作出的公开承诺，应当披露。（《证券法》第 84 条规定："除依法需要披露的信息之外，信息披露义务人可以自愿披露与投资者作出价值判断和投资决策有关的信息，但不得与依法披露的信息相冲突，不得误导投资者。发行人及其控股股东、实际控制人、董事、监事、高级管理人员等作出公开承诺的，应当披露。不履行承诺给投资者造成损失的，应当依法承担赔偿责任。"）

(2) 考点 证券欺诈民事赔偿

答案 ACD

解析 A 选项错误，当选。《证券法》第 163 条只规定了"证券服务机构"的过错责任，并未规定证券服务机构工作人员的连带责任。(不要混淆：如果明确告知该律师是普通合伙人，则依据《合伙企业法》的规定，合伙人对合伙企业债务要承担连带责任。但A选项缺乏"合伙人"的条件。)

B选项正确，不当选。在中国境外的证券发行和交易活动，扰乱中国境内市场秩序，损害境内投资者合法权益的，依照《证券法》有关规定处理并追究法律责任。(《证券法》第2条第4款)本题缺乏"扰乱境内市场秩序、损害境内投资者合法权益"的条件。

C选项错误，当选。当虚假披露信息造成投资者损失时，发行人的控股股东、实际控制人等，应当与发行人承担连带赔偿责任，但是能够证明自己没有过错的除外。(《证券法》第85条)

D选项错误，错在"没有过错"，当选。董事对证券欺诈投资者的赔偿责任也为过错责任。

(3) [考点]证券欺诈民事赔偿；特别代表人诉讼

[答案]AB

[解析]A、B选项正确，C选项错误。特别代表人诉讼程序，采用"明示加入、默示退出"规则，只要没有明确表示不愿意参加该诉讼，其诉讼结果就对符合条件的投资者有效力。(《证券法》第95条第3款规定："投资者保护机构受50名以上投资者委托，可以作为代表人参加诉讼，并为经证券登记结算机构确认的权利人依照前款规定向人民法院登记，但投资者明确表示不愿意参加该诉讼的除外。")

D选项错误，错在"终止"，应当是"中止"。《企业破产法》第20条规定："人民法院受理破产申请后，已经开始而尚未终结的有关债务人的民事诉讼或者仲裁应当中止；在管理人接管债务人的财产后，该诉讼或者仲裁继续进行。"

44. [考点]投资者保护

[答案]C

[解析]A选项错误。投资者可以分为普通投资者和专业投资者，只有"普通投资者"提出调解请求，证券公司才不得拒绝。(《证券法》第94条第1款)

B选项错误。投资者保护机构持有某公司股份的，可以为公司的利益提起股东代表诉讼，持股比例和持股期限不受《公司法》规定的限制。(《证券法》第94条第3款)所以，即使投资者保护机构持股不足1%，其仍是股东代表诉讼的适格原告。

D选项错误。《证券法》允许合格的征集人（包括投资者保护机构）征集股东权利，但是禁止以有偿或者变相有偿的方式公开征集股东权利。(《证券法》第90条第1、3款)所以，D选项"支付股东报酬"的做法是错误的。

45. 考点 证券投资基金的分类

答案 CD

解析 A、B选项正确，不当选。"开放式基金"，是指投资者可随时申购或赎回基金份额的基金；"封闭式基金"，是指在封闭期内，投资者不得申购或赎回基金份额，只能在开放期进行申购或赎回的基金。公募基金，是指以公开方式向社会公众投资者募集资金并以证券为主要投资对象的投资基金；私募基金，是指以非公开方式向特定投资者募集资金并以特定目标为投资对象的投资基金。

C选项错误，当选。非公开募集基金募集完毕，基金管理人应当向基金行业协会备案，但是公募基金应当向证监会备案。

D选项错误，当选。私募基金，是指仅向合格投资者募集，且不得公开募集的基金。

46. （1）考点 信托当事人

答案 BC

解析 A选项错误。信托受托人不包括"依法成立的其他组织"。（《信托法》第24条第1款）

D选项错误。受益人自信托生效之日起享有信托受益权。（《信托法》第44条）

（2）考点 信托财产

答案 ACE

解析 B选项错误。因为信托财产独立于受托人的财产，所以受托人管理运用或处分信托财产所产生的债权，不得与其固有财产产生的债务相抵销。（《信托法》第18条第1款）

D选项错误。该项禁止交易是有例外的，即"信托文件另有规定或者经委托人或者受益人同意，并以公平的市场价格进行交易的除外"（《信托法》第28条第1款）。

（3）考点 信托财产

答案 AD

解析 A选项正确。《信托法》第17条第1款规定："除因下列情形之一外，对信托财产不得强制执行：①设立信托前债权人已对该信托财产享有优先受偿的权利，并依法行使该权利的；②受托人处理信托事务所产生债务，债权人要求清偿该债务的；③信托财产本身应担负的税款；④法律规定的其他情形。"

B选项错误，错在"所有受益人"。委托人设立信托损害其债权人利益的，债权人有权申请人民法院撤销该信托。人民法院依法撤销信托的，不影响善意受益人已经取得的信托利益。并且要注意，债权人的申请权，自债权人知道或者应当知道撤销原因之日起1年内不行使的，归于消灭。(《信托法》第12条)

C选项错误，不可直接处分；D选项正确。基于信托财产的独立性，信托财产与委托人未设立信托的其他财产相区别，同时也与属于受托人所有的财产相区别。(《信托法》第15条、第16条第1款) 因此，委托人张某不可直接处分设置了信托的财产。

第7讲 著作权法

专题 12 著作权法律制度

47. A国与我国同属《保护文学艺术作品伯尔尼公约》成员国。居住在A国的我国公民甲创作了一部英文小说《战神》，居住在A国的无国籍人乙创作了小说《夜色》。《战神》被A国某电影公司拍摄为电影，但因影片暴力血腥未通过我国有关部门审批，不能在中国境内上映。下列哪些说法是错误的？（　　）

A. 甲的小说《战神》无需在我国出版即可受我国《著作权法》保护

B. 电影《战神》被禁止在我国出版和传播，故不受我国《著作权法》保护

C. 乙的小说《夜色》必须在我国首次出版才能受我国《著作权法》保护

D. 乙的小说《夜色》必须在我国与A国同时出版才能受我国《著作权法》保护

[考点] 取得著作权的条件

48. 关于图书侵权诉讼，律师的下列哪些说法符合《著作权法》的规定？（　　）

A. 江某出版的小说《少年》，主角均使用金庸武侠小说中知名角色的名字，但仅使用了角色人物简单的性格特征和角色人物之间简单的关系。该小说既构成不正当竞争，又侵犯了金庸原作的著作权

B. 李某的长篇小说《天苍茫》与张某的短篇小说《最后的骑兵》均以最后一支骑兵连为主线，均为军旅题材，整体线索脉络雷同。后者构成侵权

C. 甲出版社出版沈某的小说，因编辑原因存在严重编校质量问题。出版社构成侵权

D. 张某采取变更句式、词汇、结构等方法将李某采编的"A县扶贫攻坚成果"稿件转换成自己的作品。张某构成侵权

[考点] 合理使用

49. 随着越来越多用户使用AI生成小说、图片、视频，涉及AIGC（AI生成内容）著作权侵权案件也引发了广泛讨论。请回答（1）（2）题：

(1) 张三使用某开源软件，通过设计人物的呈现方式、选择提示词、安排提示词的顺序、设置相关参数等生成一幅图片"大漠孤烟"并发布于网络平台。李四在小红薯平台创作一篇文章，给文章配图时未经许可使用了上述 AI 生成图片。则：（　　）

A. AI 绘画生成的图片仅由使用者张三输入提示词，张三并非创作者，不应认定为作品

B. 作品应当体现"人"的智力成果，由 AI 生成的图片应认定 AI 系统是其作者，不应受到著作权法的保护

C. 该 AI 生成图片只要具备独创性和可复制性就应当被认定为作品

D. 该 AI 生成图片的著作权归属张三

[考点] 作品的认定

(2) 甲 AIGC 网站（甲网站是生成式人工智能服务提供者）提供 AI 绘画服务，用户输入文字"生成一个奥特曼"，即可生成奥特曼形象图片；输入"奥特曼融合美少女战士"，即可生成奥特曼身体拼接美少女战士长发形象的图片等。经查，甲网站未经"奥特曼"著作权人授权训练模型并生成了相似图片。则：（　　）

A. 甲网站利用自己训练的模型输出作品，不构成侵权

B. 甲网站侵犯了原著作权人的复制权

C. 甲网站侵犯了原著作权人的改编权

D. 甲网站侵犯了原著作权人的信息网络传播权

[考点] 著作权侵权的认定

50. 根据《著作权法》的规定，下列哪些未经权利人许可使用他人作品的行为构成侵权？（　　）

A. 某省卫视制作的真人秀节目，节目中选手以"葫芦娃"卡通形象载歌载舞

B. 翔叔制作了一个 5 分钟的短视频并上传到"×音"平台，批评电影《无聊的平方》缺乏逻辑性，在视频中引用了电影的主要片段并进行犀利的语言点评

C. 视频"剪刀手"向小甲选取热门电影的视频截图，快速串讲电影情节形成"×分钟品味一部好电影"的视频，并上传到各视频平台

D. B 网络平台上传播用户高小云上传的热播电影《我的妈妈》完整版视频

E. 乙电影公司为宣传新电影《80 年代的独立宣言》制作的海报中，使用了 80 年代童年记忆中的"黑猫警长"卡通形象作为背景

[考点] 著作权侵权行为；合理使用

51. 鄢某创作了《黑玫瑰》词曲，向某在个人举办的赈灾义演中演唱了该歌曲，同时厚

厚唱片公司和向某签约发行的唱片《向某的天空》中收录了该歌曲。请回答（1）（2）题：

(1) 下列未经许可但支付了报酬的行为，哪些是错误的？（ ）

　　A. 赈灾义演是公益性演出，向某可以不经鄢某同意演唱该歌曲

　　B. 大江唱片公司未告知鄢某即聘用歌手大栗录制《黑玫瑰》并制作成唱片销售，构成侵权

　　C. 张小小在自己的网络直播间演唱了一段《黑玫瑰》，侵犯了鄢某的表演权

　　D. 某电影公司为烘托一部电影的情节，截取《黑玫瑰》中30秒的声音，侵犯了鄢某的表演权

　　[考 点] 著作权的内容；侵权行为的认定

(2) 本市广播电台购买了正版唱片《向某的天空》，并在"晚8点音乐汇"栏目播放其中的歌曲，小栗也购买了该正版唱片用于出租。下列哪些说法是正确的？（ ）

　　A. 市广播电台播放该歌曲要向厚厚唱片公司支付报酬

　　B. 小栗出租唱片要经过鄢某同意并支付报酬

　　C. 小栗出租唱片要经过向某同意并支付报酬

　　D. 小栗出租唱片要经过厚厚唱片公司同意并支付报酬

　　[考 点] 合理使用；邻接权

52. 甲电视台获得了2021年奥运会排球比赛决赛A队和B队的现场直播权。乙电视台未经许可将甲电视台播放的比赛实况予以转播，丙电视台未经许可将乙电视台转播的实况比赛录制在音像载体上以备将来播放，丁某未经许可将丙电视台录制的该节目复制了一份供其儿子观看。据此，下列哪些说法是正确的？（ ）

　　A. 乙电视台侵犯了A队和B队的表演者权

　　B. 乙电视台侵犯了奥运会主办方的广播组织权

　　C. 丙电视台的录制行为侵犯了甲电视台的权利

　　D. 丁某的行为没有侵犯甲电视台的权利

　　[考 点] 邻接权（播放者的权利）

53. 甲影视公司是电影《萱草》的制作者，将该电影的信息网络传播权转让给奇酷网站，奇酷网站采取会员付费点播的商业模式，并采取技术措施防范用户免费播放或下载该影片。银山网站开发出专门规避奇酷网站的视频浏览器软件，只要利用该视频浏览软件，网民就可免费下载该影片。高某利用该软件免费下载了《萱草》供自己欣

赏。对此，下列哪些说法是正确的？（　　）

A. 甲影视公司是影片的著作权人

B. 银山网站的行为侵犯了著作权

C. 高某的行为侵犯了著作权

D. 奇酷网站可不经甲影视公司同意，以自己的名义起诉侵权行为人

[考点] 故意避开或者破坏技术措施

答案及解析

47. [考点] 取得著作权的条件

[答案] BCD

[解析] A选项正确，不当选。就中国公民的作品，不论是否发表或出版，只要"创作完成"即可享有著作权。题干表明"我国公民甲"，因此，其作品无需在我国出版即可受我国《著作权法》保护。

B选项错误，当选。该电影属于"具有独创性并能以一定形式表现的智力成果"，属于"作品"，受我国《著作权法》保护，但是"国家对作品的出版、传播依法进行监督管理"。（《著作权法》第3、4条）

C、D选项当选，均错在"必须……"。满足下列条件之一的，均可享有著作权：①根据作者所属国或者经常居住地国同中国签订的协议或者共同参加的国际条约享有著作权；②首先在中国境内出版；③首次在中国参加的国际条约的成员国出版；④在成员国和非成员国同时出版。

48. [考点] 合理使用

[答案] ACD

[解析] A选项当选。第一，《少年》的主角均使用金庸作品的人物名字，借助金庸作品的影响力，以营利为目的出版发行的行为，构成不正当竞争行为。（此点无异议）第二，"同人作品"是否构成侵犯著作权，A选项原型案件一审和二审有不同意见。该案一审法院认为："二者都是独立作品，虽然人物名字雷同，但'同人作品'和原作品仅存抽象的'形式相似性'，作品的表达系独立完成并且具有创造性，二者没有达到'实质性相似'，不构成侵犯著作权。"但2023年5月，该案二审法院指出："虽然就单个人物形象来说，难以都认定获得了充分而独特的描述，但整体而言，郭靖、黄蓉、乔峰、令狐冲等60多个人物组成的人物群像，无论是在角色的名称、性格特征、人物关系、人物背景都体现了金庸的选择、安排，可以认定为已经充分描

述、足够具体到形成一个内部各元素存在强烈逻辑联系的结构，属于《著作权法》保护的'表达'。"也就是将"人物群像"作为《著作权法》保护的要素，赋予了文学角色以版权。依据该案的二审意见，该小说构成著作权侵权。

B选项不当选。《著作权法》保护作品的表达，不保护作品所包含的思想或主题。不同作者就同一题材创作的作品，只要作品的表达系独立完成并且具有创造性，就应当认定作者各自享有独立的著作权。所以，二者均是独立作品，仅整体线索脉络雷同，不构成侵权。

C选项当选。严重的编校问题降低了作品的质量，侵犯了保护作品完整权，即侵犯了保护作品不受歪曲、篡改的权利。

D选项当选。此为"洗稿作品"，即更换一定的表达方式（如更换句式、词汇、结构）将他人作品的事实和观点，变成自己的作品，后一文稿不具有"独创性"，构成侵权。

49. （1）[考点] 作品的认定

[答案] CD

[解析] A、B选项不当选，C、D选项当选。作品，是指文学、艺术和科学领域内具有独创性并能以一定形式表现的智力成果。利用人工智能生成图片或视频（AI文生图或AI文生视频），本质上仍然是"人利用工具"进行创作，如果该图片（或视频）符合"可复制性""独创性"，应当被认定为作品，受到著作权法保护。[案件来源：北京互联网法院（2023）京0491民初11279号判决]

（2）[考点] 著作权侵权的认定

[答案] BC

[解析] A选项不当选。本题原型案件是全球范围内首例AIGC平台侵权责任案件。该案判决认为，网站没有尽到合理注意义务，构成侵权。

B选项当选。通过甲网站生成的案涉生成图片，部分或完全复制了奥特曼作品这一美术形象的独创性表达，并在多个关键特征上与该作品具有极高的相似度，构成实质性相似，侵权。

C选项当选。甲网站可生成包含奥特曼局部特征或具有特殊风格的图片（如奥特曼美少女战士），这种AIGC二创构成违法"改编"。

D选项不当选。是否侵犯信息网络传播权，广州互联网法院未进行评价，判决认为："考虑到生成式人工智能发展背景下生成物侵权的新情况……在同一被诉侵权行为已经纳入复制权、改编权控制范畴的情况下，本院不再进行重复评价。"[广州互联网法院民事判决书（2024）粤0192民初113号] 本书认为，AI生成内容只能通过互联网实现，这是唯一手段，因此<u>不宜再认定侵犯信息网络传播权</u>。

50. [考点] 著作权侵权行为；合理使用

[答案] ACD

[解析] A 选项当选。"葫芦娃"卡通形象属于"美术作品"，未经许可使用，构成侵权。

B 选项不当选，构成合理使用。翔叔的评论视频展示了自己的独立观点，因此翔叔二次创作的视频具有独立性，形成"作品"，此种情形下"为介绍、评论某一作品或者说明某一问题，在作品中适当引用他人已经发表的作品"，可以不经著作权人许可，不向其支付报酬。(《著作权法》第24条第1款第2项)

C 选项当选。仅仅是单纯通过视频剪辑形成的新视频，难以符合"独创性"而形成"独立作品"，不符合"合理使用"中"为介绍、评论某一作品或者说明某一问题，在作品中适当引用……"，是侵权行为。

D 选项当选，构成共同侵权。因为是热播电影并且是完整版视频，网络服务平台"应当知道"网络用户侵害权利人的权益，二者承担连带责任。(《民法典》第1197条规定："网络服务提供者知道或者应当知道网络用户利用其网络服务侵害他人民事权益，未采取必要措施的，与该网络用户承担连带责任。")

E 选项不当选。电影海报使用卡通形象，并非单纯再现美术作品的艺术美感，而是利用"黑猫警长"卡通形象反映特定时代年龄特征。该电影海报已经构成独立作品，"卡通形象"的目的是"为介绍、评价某一作品或者说明某一问题……"，构成合理使用，不是侵权。

51. (1) [考点] 著作权的内容；侵权行为的认定

[答案] ABC

[解析] A 选项错误，当选。要区分"免费表演"和"义演"。前者是指"未向公众收取费用，也未向表演者支付报酬"，此种情况符合"合理使用"(《著作权法》第24条第1款第9项)；但"义演"需向观众收取费用，所以赈灾义演不构成"合理使用"。本题向某在赈灾义演中公开表演歌曲，应经著作权人同意并支付报酬。

B 选项错误，当选。《著作权法》第42条第2款规定："录音制作者使用他人已经合法录制为录音制品的音乐作品制作录音制品，可以不经著作权人许可，但应当按照规定支付报酬；著作权人声明不许使用的不得使用。"大江唱片公司已经支付了报酬，不构成侵权。

C 选项错误，当选。直播间未经授权的演唱，的确构成侵权，但其性质为侵犯作者(鄢某)的广播权，而非表演权。表演权，是指公开表演作品以及用各种手段公开播送作品的表演的权利。通说认为，在网络直播间表演并非"公开表演"。

D 选项正确，不当选。录音制品构成电影的背景音乐，侵犯了著作权人的"机械表演权"。

(2) [考 点] 合理使用；邻接权

[答 案] ACD

[解 析] A 选项正确。《著作权法》第 45 条规定："将录音制品用于有线或者无线公开传播，或者通过传送声音的技术设备向公众公开播送的，应当向录音制作者支付报酬。"

B 选项错误。著作权人（鄢某）仅对视听作品、计算机软件享有出租权（《著作权法》第 10 条第 1 款第 7 项），"录音制品（唱片）"不属于上述两种类型。所以"出租唱片"无需经过鄢某同意。

C 选项正确。表演者（向某）对其表演享有许可他人复制、发行、出租录有其表演的录音录像制品，并获得报酬的权利。（《著作权法》第 39 条第 1 款第 5 项）

D 选项正确。录音录像制作者（唱片公司）对其制作的录音录像制品，享有许可他人复制、发行、出租、通过信息网络向公众传播并获得报酬的权利。（《著作权法》第 44 条第 1 款）（补充：《著作权法》第 44 条第 2 款规定，被许可人复制、发行、通过信息网络向公众传播录音录像制品，应当同时取得著作权人、表演者许可，并支付报酬；被许可人出租录音录像制品，还应当取得表演者许可，并支付报酬）

52. [考 点] 邻接权（播放者的权利）

[答 案] CD

[解 析] A 选项错误。表演者，包括演员、演出单位或者其他表演文学、艺术作品的人。依据这一概念，"运动员"不属于"表演者"，并不是按照既定剧本进行比赛。

B 选项错误。"体育赛事"难以认定为"作品"，"主办方"并不享有《著作权法》规定的著作权或者邻接权，因为其身份难以符合"作者"的要求，赛事主办方不能形成"广播电视信号"，《著作权法》中也无"广播组织权"这一权利类型。

C 选项正确。广播电台、电视台有权禁止未经其许可将其播放的广播、电视转播、录制、复制、通过信息网络向公众传播的行为。（《著作权法》第 47 条第 1 款）

D 选项正确。丁某的行为符合"为个人学习、研究或者欣赏，使用他人已经发表的作品"，构成合理使用，可以不经著作权人许可，不向其支付报酬。（《著作权法》第 24 条第 1 款第 1 项）

53. [考 点] 故意避开或者破坏技术措施

[答 案] ABCD

[解析] A选项正确。视听作品中的电影作品、电视剧作品的著作权由制作者享有。(《著作权法》第17条第1款)

B选项正确。银山网站构成"故意避开或者破坏技术措施"。针对权利人为保护著作权采取的技术措施,《著作权法》仅规定少数情形可避开(如为学校课堂教学或者科学研究、国家机关执行公务、进行加密研究等)。(《著作权法》第49条第2款、第50条第1款)银山网站开发专门规避奇酷网站技术防范软件,不属于上述情形,构成"故意破坏技术措施"的侵权行为。

C选项正确。高某的行为虽然是"供个人欣赏",但他采取的手段是利用银山公司的非法软件,即"故意避开奇酷网站的技术措施",高某构成侵权。

D选项正确。题干所给信息是"转让",就信息网络传播而言,奇酷网站享有独立的权能,无须经过甲影视公司同意,即可以原告身份起诉。

第8讲 专 利 法

专题 ⑬ 专利法律制度

54. M集团是一家大型综合性集团公司，注册地在S国且在中国没有营业场所，其技术方案希望获得中国专利法的保护。请回答（1）（2）题：

（1）M集团向专利局提出的下列专利申请中，有可能获得专利权的有哪些？（　　）
  A. 其下属研究所研究出一种新的热带植物品种的人工培养方法
  B. 其下属心血管专科医院总结出一套有效诊断动脉硬化疾病的方法
  C. 其下属血液疾病研究所总结研究出一种从人体抽取血液后进行血型化验的简便方法
  D. 2023年8月16日，其向专利局提出一项发明专利申请，该技术曾于2022年12月5日在某学会专业学报上发表过

  [考点] 专利权的客体

（2）关于M集团向中国专利局申请专利的程序，下列哪一选项是正确的？（　　）
  A. 若S国同中国有签订的协议或者共同参加的国际条约，M集团的专利可直接获得中国专利法保护
  B. 若S国同中国有相互承认优先权的协议，M集团在中国就相同主题提出专利申请的，可享有优先权
  C. M集团可以委托专利代理机构申请，也可直接自行办理专利申请事宜
  D. 若M集团获得专利申请权，有权就同一技术方案同时申请发明专利和实用新型专利

  [考点] 专利权的申请；知识产权的国际保护

55. Y国乙制药集团享有B药的专利权，该项专利权将于2022年到期。中国某市甲制药公司研发新药A，现向国务院专利行政部门申请专利，并向国务院药品监督管理部门申请药品上市审批。在药品上市审评审批过程中，乙制药集团认为A药的技术方案落入B药专利权保护范围，遂请求暂停批准A药上市。同时，乙制药集团发现中国

丙公司于 2020 年制造 B 药。关于上述药品涉及专利权的纠纷，下列哪些判断是正确的？（ ）

A. 甲制药公司 A 药尚在申请上市许可审批过程中，其和乙制药集团的专利侵权纠纷不能向法院起诉，应当向国务院专利行政部门请求行政裁决

B. 如果 A 药在中国获得上市许可，甲制药公司可请求依法延长专利权期限，以补偿新药上市审评审批占用的时间

C. 如果丙公司是为提供行政审批所需要的信息，未经乙制药集团的同意而制造 B 药的，不构成侵权

D. 如果为了公共健康目的，丙公司应当证明其以合理的条件请求乙制药集团许可其实施专利未获许可后，国务院专利行政部门才授予其制造 B 药的强制许可

[考 点] 专利权利期限（药品）

56. 郑某是一项新型建筑材料制造方法的专利权人。下列案件中，郑某的哪一项诉讼请求可以得到法院支持？（ ）

A. 张某为了自建房从县建材城购买该批建筑材料，但经检验是假冒专利权的假货。郑某起诉要求张某停止使用

B. 李某未经郑某许可，擅自依照其专利方法制造保温建材，王某对李某生产的建材产品做进一步加工处理。郑某起诉王某侵犯其专利权

C. 丙厂在郑某申请该项专利前也制造了相同的产品，现仍在原规模内制造销售。郑某起诉要求丙厂支付合理使用费

D. 丁市政污水处理厂未经郑某许可使用该专利方法生产污水处理设备。郑某起诉要求丁市政污水处理厂停止使用

[考 点] 专利侵权行为

57. 甲公司为一项发明的专利权人，其起诉乙公司专利侵权案件被 A 法院受理后，乙公司向国务院专利行政部门提出宣告甲公司专利权无效的请求并被受理。在处理有关事宜时，甲公司法律顾问出具了以下意见，其中哪些符合《专利法》的规定？（ ）

A. 乙公司在答辩期间内请求宣告该项专利权无效的，A 法院可以不中止诉讼

B. 甲公司主张的权利要求被国务院专利行政部门宣告无效，A 法院可以据此认定乙公司不构成侵权

C. 甲公司主张的权利要求被国务院专利行政部门宣告无效，A 法院可以裁定驳回甲公司的起诉

D. 专利侵权诉讼中，A 法院因主张的权利被宣告无效驳回权利人起诉，有证据证明宣告权利要求无效的决定被生效的行政判决撤销的，甲公司可以另行起诉

[考 点] 专利侵权诉讼（专利无效抗辩处理）

答案及解析

54. (1) [考点] 专利权的客体

[答案] AC

[解析] B 选项不当选。疾病的诊断和治疗方法，不能授予专利权。

D 选项不当选，错在已经超过"6个月内"。在规定的学术会议或者技术会议上首次发表，并在6个月内申请专利的发明创造，不丧失新颖性。

(2) [考点] 专利权的申请；知识产权的国际保护

[答案] D

[解析] A 选项错误。国务院专利行政部门统一受理和审查专利申请，依法授予专利权。(《专利法》第3条第1款) 所以专利权并非采取"自动保护"方式，需要申请人向我国专利行政部门提出专利申请。

B 选项错误，错在未考虑"申请日"。根据《专利法》第29条第1款的规定，发明申请人获得国际优先权的条件包括：①在外国第一次提出专利申请之日起12个月内；②在中国就相同主题提出专利申请；③有协议（或者共同参加的国际条约，或者依照相互承认优先权的原则）。

C 选项错误。M 集团是在中国没有营业场所的外国企业，不能自行办理专利申请，应当委托依法设立的专利代理机构办理。

D 选项正确。《专利法》第9条第1款规定："同样的发明创造只能授予一项专利权。但是，同一申请人同日对同样的发明创造既申请实用新型专利又申请发明专利……可以授予发明专利权。"

55. [考点] 专利权利期限（药品）

[答案] BC

[解析] A 选项错误。在药品上市审评审批中，因申请注册的药品（A 药）相关的专利权产生纠纷的，现行《专利法》增加了"早期解决机制"：①相关当事人可以向人民法院起诉，请求就申请注册的药品相关技术方案是否落入他人药品专利权保护范围作出判决；②也可以就申请注册的药品相关的专利权纠纷，向国务院专利行政部门请求行政裁决。(《专利法》第76条第1、2款) 所以，"诉讼"和"行政裁决"是选择关系，都是可以采取的解决方案。

B 选项正确。发明专利权的期限为20年。为补偿新药上市审评审批占用的时间，对在中国获得上市许可的新药相关发明专利，国务院专利行政部门应专利权人的请

求给予专利权期限补偿。补偿期限不超过5年，新药批准上市后总有效专利权期限不超过14年。(《专利法》第42条第3款)

C选项正确。关于"仿制药"是否侵权，参见《专利法》第75条的规定："有下列情形之一的，不视为侵犯专利权：……⑤为提供行政审批所需要的信息，制造、使用、进口专利药品或者专利医疗器械的，以及专门为其制造、进口专利药品或者专利医疗器械的。"

D选项错误。为了阻止大规模传染病的传播，《专利法》第55条规定："为了公共健康目的，对取得专利权的药品，国务院专利行政部门可以给予制造并将其出口到符合中华人民共和国参加的有关国际条约规定的国家或者地区的强制许可。"并且根据《专利法》第59条的规定，此种情况下获得的"强制许可"，无需满足"提供证据，证明其以合理的条件请求专利权人许可其实施专利，但未能在合理的时间内获得许可"的前提条件。

56.

[考点] 专利侵权行为

[答案] B

[解析] A选项错误。张某是善意使用人，虽然构成侵权，但可不停止使用。

B选项正确。依照专利方法直接获得的产品，是指使用专利方法获得的原始产品。对于将上述原始产品进一步加工、处理而获得后续产品的行为，应当认定为使用依照该专利方法直接获得的产品的行为，属于侵犯专利方法的行为。

C选项错误。丙厂的行为符合"先用权原则"，即在专利申请日前已经制造相同产品、使用相同方法或者已经作好制造、使用的必要准备，并且仅在原有范围内继续制造、使用的，不构成侵权。

D选项错误。被告构成对专利权的侵犯，权利人请求判令其停止侵权行为的，法院应予支持，但基于国家利益、公共利益的考量，法院可以不判令被告停止被诉行为，而判令其支付相应的合理费用。

57.

[考点] 专利侵权诉讼（专利无效抗辩处理）

[答案] ACD

[解析] A选项正确。法院受理的侵犯发明专利权纠纷案件或者经国务院专利行政部门审查维持专利权的侵犯实用新型、外观设计专利权纠纷案件，被告在答辩期间内请求宣告该项专利权无效的，法院可以不中止诉讼。

B选项错误，C选项正确。权利人在专利侵权诉讼中主张的权利要求被宣告无效的，审理侵犯专利权纠纷案件的法院可以裁定驳回权利人基于该无效权利要求的起诉。该裁定不涉及事实部分审理，不能直接认定乙公司不构成侵权。

D选项正确。有证据证明宣告甲公司权利要求无效的决定被生效的行政判决撤销的，甲公司可以另行起诉。

第9讲 商 标 法

专题 14 注册商标法律制度

58. A 商标局受理了一批商标注册申请，审查过程中均未发现在先申请。请回答（1）（2）题：

（1）《商标法》规定，任何能够将自然人、法人或者其他组织的商品与他人的商品区别开的标志，均可以作为商标申请注册。下列标志能成为注册商标的是：（　　）

　　A. 甲将按摩仪器上凸起的形状使用于缓解眼疲劳的按摩设备上
　　B. 乙公司将一种长期使用具有较高辨识度的特定红色使用在女士高跟鞋鞋底位置
　　C. 丙将"低糖醇"文字商标使用于饮料商品上
　　D. 丁将"一日达"文字商标使用于快递商品上

[考 点] 注册商标的标志

（2）A 商标局对下列商标的申请和变更处理意见，哪些符合法律规定？（　　）

　　A. 甲公司在旗下涮羊肉连锁火锅店的广告和包装上均突出宣传"小羔羊"商标，经过近 10 年的经营，现"小羔羊"羊肉火锅被消费者熟知。"小羔羊"表明了该商品的主要原料，不能申请注册
　　B. 乙公司可在一种商品上同时使用两个商标
　　C. 注册商标需要在核定使用范围之外的商品上取得商标专用权的，应当另行提出注册申请
　　D. 注册商标需要改变其标志的，应当重新提出注册申请

[考 点] 商标注册

59. 甲省张县地区传统调料"张县豆瓣酱"，因其味道鲜美、风味独特、历史久远而闻名于世，是深受广大群众喜欢的土特产。该地生产并出售的产品虽然大都注明了"张县

豆瓣酱"字样,却没有人申请将其注册为商标。2016年,乙省A公司将"张县豆瓣酱"注册,商品种类也为食品调料,张县人才意识到问题的严重性。如果你是张县调料行业协会聘请的律师,你认为下列保护甲省张县"张县豆瓣酱"品牌的建议哪些合法且可行?(   )

A. 建议张县调料行业协会尽快向商标行政管理部门申请驰名商标认定

B. 建议张县调料行业协会将"张县豆瓣酱"作为集体商标申请注册

C. 自A公司注册之日起5年内,张县调料行业协会可向商标行政管理部门申请该商标无效

D. 建议张县调料行业协会向商标评审委员会申请裁定,或者向法院起诉请求撤销A公司的商标

[考点] 商标管理(商标无效、撤销)

60. 北江市扬子江饭店成立于2003年,成立之初即将其商号使用于其提供的服务上,在酒店用品、宣传资料上长期持续使用"杨子江""扬子江饭店"文字作为商业标识,在北江地区餐饮服务市场获得较高知名度,但扬子江饭店并未将其商号申请注册商标。王某是扬子江饭店在北江市选定的食材供应商之一。王某于2014年1月申请"扬子江"文字商标,申请注册类别为咖啡馆、饭店、餐馆、快餐馆、酒吧等,但王某并未取得餐饮行业的经营资质。关于本案,下列哪些说法是正确的?(   )

A. 扬子江饭店可以王某恶意抢注为由请求商标局撤销其商标

B. 商标局应当自收到王某商标注册申请文件之日起9个月内审查完毕

C. 若王某的"扬子江"商标被核准注册,扬子江饭店可以自其注册之日起5年内请求商标评审委员会宣告该注册商标无效

D. 现王某起诉扬子江饭店侵犯其商标专用权,扬子江饭店可以享有先用权为由抗辩

[考点] 商标无效宣告

61. ABC公司为知名的科技公司,2006年,ABC公司在我国为其计算机处理器注册了"锋行"商标,为相关公众所熟知。2018年2月,ABC公司发现下列行为并向法院提出侵权诉讼。如果法院在审查过程中已经对"锋行"商标的驰名情况作出了认定,那么下列行为中构成侵权的有哪些?(   )

A. 甲公司在ABC公司办公楼附近以"锋行"作为商标经营餐饮业务

B. 乙公司于2005年在汽车上使用"锋行"商标,并在汽车行业具有较高的知名度,现继续在汽车上使用该商标

C. 丙公司在其生产并销售的电脑上标明:本产品使用"锋行"处理器

D. 丁公司在其生产并销售的电视机上使用"锋行"商标

[考点] 侵犯注册商标专用权的认定

答案及解析

58. (1) [考点] 注册商标的标志

[答案] B

[解析] A 选项错误。凸起形状属于按摩仪器构成部分，不得注册。(《商标法》第 12 条规定："以三维标志申请注册商标的，仅由商品自身的性质产生的形状、为获得技术效果而需有的商品形状或者使商品具有实质性价值的形状，不得注册。")

B 选项正确。

① 可以作为注册商标的标志，包括文字、图形、字母、数字、三维标志、颜色组合和声音等，以及上述要素的组合。(《商标法》第 8 条)

② 虽然红底鞋商标的标志构成要素不属于上述明确列举的内容，但其并未被《商标法》明确排除在可以作为商标注册的标志之外，"红底鞋"标志经过使用取得显著特征，并便于识别的，可以作商标注册。

C 选项错误。"低糖醇"仅标识饮料的主要原料，不得作为商标注册。(《商标法》第 11 条第 1 款第 2 项规定，仅直接表示商品的质量、主要原料、功能、用途、重量、数量及其他特点的，不得作为商标注册)

D 选项错误。带有欺骗性，容易使公众对商品的质量等特点或者产地产生误认的标志，不得作为商标使用。(《商标法》第 10 条第 1 款第 7 项) 本题"一日达"标志，易使公众对其服务的质量产生误认，属于带有欺骗性情形。

(2) [考点] 商标注册

[答案] BCD

[解析] A 选项错误。甲公司在其产品广告和包装上均突出宣传"小羔羊"，被消费者熟知，所以"小羔羊"标识属于"经过使用取得显著特征，并便于识别的"标志，可以注册。

B 选项正确。"在一种商品上同时使用两个商标"，此为"联合商标"，是我国《商标法》允许的行为。

C、D 选项正确。涉及商标标志变更，或者所涉商品种类的变更，均要另行提出注册申请。《商标法》第 23 条规定："注册商标需要在核定使用范围之外的商品上取得商标专用权的，应当另行提出注册申请。"《商标法》第 24 条规定："注册商标需要改变其标志的，应当重新提出注册申请。"

59. [考点] 商标管理（商标无效、撤销）

[答案] BC

[解析] A 选项错误。我国对驰名商标采取"被动认定"，即在商标局查处商标违法案件过程中，商标评审委员会在商标争议处理过程中，法院在商标民事、行政案件审理过程中，对涉案商标是否"驰名"加以认定，而非由行政部门主动认定。

B 选项正确。《商标法》第 3 条第 2 款规定："本法所称集体商标，是指以团体、协会或者其他组织名义注册，供该组织成员在商事活动中使用，以表明使用者在该组织中的成员资格的标志。"所以该协会申请注册集体商标是可行方案。

C 选项正确。申请商标无效是保护在先权利的一项重要措施。

D 选项错误。商标由商标局撤销，而非向法院起诉撤销。

60. [考点] 商标无效宣告

[答案] BCD

[解析] 根据题意，"扬子江"文字商标是扬子江饭店在先使用的未注册商标。王某因为和扬子江饭店的合同、业务往来关系而明知该商标存在，仍就相同商品或服务申请注册相同或者近似商标。

A 选项错误，错在"撤销其商标"。正确做法是自王某将商标注册之日起 5 年内，在先权利人（扬子江饭店）或者利害关系人可以请求商标评审委员会宣告该注册商标无效。对恶意注册的，驰名商标所有人不受 5 年的时间限制。(《商标法》第 45 条第 1 款）本题题意没有显示该商标是驰名商标，所以应当在 5 年内提出。

B 选项正确。《商标法》第 28 条规定："对申请注册的商标，商标局应当自收到商标注册申请文件之日起 9 个月内审查完毕，符合本法有关规定的，予以初步审定公告。"

C 选项正确。理由见 A 选项解析。

D 选项正确。扬子江饭店是该商标的在先使用人，享有先用权。（《商标法》第 59 条第 3 款规定："商标注册人申请商标注册前，他人已经在同一种商品或者类似商品上先于商标注册人使用与注册商标相同或者近似并有一定影响的商标的，注册商标专用权人无权禁止该使用人在原使用范围内继续使用该商标，但可以要求其附加适当区别标识。"）

61. [考点] 侵犯注册商标专用权的认定

[答案] AD

[解析] "锋行"商标既是"注册商标"又是"驰名商标"，对其保护范围扩大到"不相同或者不相类似商品"，如果误导公众，致使该驰名商标注册人的利益可能受到损

害的,构成侵权。

A、D 选项当选。会误导消费者,虽然"跨界"但仍构成侵权。(《商标法》第 13 条第 3 款)

B 选项不当选。乙公司在 ABC 公司申请商标注册前已经使用"锋行"商标,其在原范围内继续使用的行为符合"先用权原则",不构成侵权。(《商标法》第 59 条第 3 款)

C 选项不当选。"锋行"处理器合法销售后,该产品上的专利权和商标权的"销售权、使用权"耗尽,他人销售或使用该产品,不构成侵权。

第10讲 劳动法律关系

专题 ⑮ 劳动合同的法律制度

62. 劳动者和企业之间出现纠纷，下列哪些选项符合确立劳动关系，企业应当依法与劳动者订立劳动合同的情形？（　　）

　　A. 货车司机刘某和 A 平台签订《车辆管理协议》，约定双方为合作关系，刘某接受 A 平台派单，跑单时长每日均在 8 小时以上，每日至少完成 4 单，A 平台对刘某的订单完成情况进行全程跟踪，每月向刘某支付包月运输服务费 6000 元并规定了严格的奖惩办法

　　B. 张某注册为 B 互联网外卖平台众包骑手，B 互联网外卖平台不规定任务，由骑手自主接单。张某每周实际上线接单天数 0~3 天，每天上线接单时长为 2~5 小时不等

　　C. 李某与 C 文化传播公司订立《艺人独家合作协议》，约定 C 文化传播公司为李某经纪人，为其提供网络主播培训推广以及全权代理李某与演艺有关的商业活动，直播内容和时间由李某自主决定，经协商一致后，李某要遵守 C 文化传播公司安排的商业活动，双方以分成方式进行收益分配

　　D. D 公司和韩某订立合作协议，由韩某以网络直播手段推销 D 公司产品，韩某对产品选择、直播内容、个人形象等要遵守 D 公司安排

[考点] 劳动关系（新就业形态劳动关系的认定）

63. 甲公司在制订《工作纪律规定》和《员工绩效管理办法》时，就若干问题向张律师咨询。请回答（1）~（3）题：

（1）在《工作纪律规定》中涉及对女职工和未成年工权益保护，张律师的哪些回答不符合法律规定？（　　）

　　A. 对于孕期、产期、哺乳期的女职工，甲公司一律不得单方解除其劳动合同

　　B. 对于怀孕的女职工，不得安排其延长工作时间和夜班劳动

　　C. 不得安排未成年工从事高处、低温、冷水作业和国家规定的第三级体力劳动强

度的劳动

D. 甲公司应当对女职工和未成年工定期进行健康检查

[考点] 对女职工、未成年工的特殊保护

(2) 甲公司《员工绩效管理办法》规定，员工年度绩效考核分别为"优秀""合格""不达标"三个等级，等级的比例分别为20%、70%、10%；如果员工连续2年均考评为"不达标"，公司有权解除合同。就该制度，张律师的下列哪一回答符合法律规定？（　　）

A. 上述办法若已向劳动者公示并经董事会决议通过，可以作为确定双方权利义务的依据

B. 甲公司若想单方解除劳动合同，应当事先将理由通知工会，否则解除劳动合同无效

C. 甲公司无权依据绩效考核"不达标"解除劳动合同

D. 李某连续2年绩效考核"不达标"，甲公司有权以其不能胜任工作为由解除劳动合同

[考点] 劳动合同的解除、企业内部规章制度

(3) 甲公司建立了工会组织，根据劳动法律的有关规定，张律师关于工会职权的表述哪些是正确的？（　　）

A. 工会有权参加社会保险监督委员会，对与职工社会保险权益有关的事项进行监督

B. 工会成员有权担任企业劳动争议调解委员会的企业代表

C. 工会有权代表全体劳动者和用人单位签订集体合同

D. 因履行集体合同发生争议，经协商解决不成的，工会有权以自己的名义申请仲裁、提起诉讼

[考点] 工会的职权

64. 萱草公司的法务部门今年遇到多起涉及劳动合同条款、劳动合同解除的纠纷。黄某是萱草公司的技术工程部经理，在劳动合同中约定有不得泄露技术秘密和商业秘密的条款，同时签订离职后2年内黄某负有竞业限制义务。另一技术人员张某被萱草公司选派到美国ABB公司进行专业技术培训，培训费由萱草公司支付，并签订3年期的服务期合同。请回答（1）~（3）题：

(1) 黄某和萱草公司因对合同条款的理解和离职补偿产生纠纷，公司律师的下列意见中正确的是：（　　）

A. 合同中"黄某违法披露公司商业秘密，要向萱草公司支付违约金"的条款无效

B. 合同中"黄某任期内应当保守公司商业秘密，但公司不支付保密费"的条款无效

C. 黄某离职后，萱草公司超过1个月未按期支付竞业限制经济补偿的，黄某有权解除竞业限制约定

D. 黄某离职后即去同行业的乙公司工作，在黄某依约支付违约金后可不再继续履行竞业限制义务

[考点] 劳动合同的特殊条款

(2) 张某和萱草公司在约定的服务期内发生如下纠纷，其中处理符合法律规定的是：（　）

A. 因萱草公司未为出国培训员工缴纳社会保险费，张某可提前辞职，但要支付违约金

B. 张某严重违反公司规章制度，现萱草公司提前解除服务期合同并要求张某支付违约金

C. 萱草公司要求张某支付的违约金不得超过服务期尚未履行部分所应分摊的培训费用以及张某辞职给公司造成的损失

D. 张某因个人原因提前辞职，需要提前30日以书面形式通知并支付违约金

[考点] 劳动合同的特殊条款

(3) 萱草公司欲解除与下列职工之间的劳动合同，其所提出的如下理由或做法中，哪些是有法律依据的？（　）

A. 张某书面要求萱草公司不为其缴纳社会保险费，后又以用人单位未缴纳社会保险费为由提出解除劳动合同并主张经济补偿

B. 萱草公司兼并东方厂并接收原厂职工，律师主张原东方厂已经向劳动者支付经济补偿的，萱草公司可不计算劳动者在原用人单位的工作年限

C. 怀孕女职工陆某违规操作造成重大责任事故，萱草公司决定解雇陆某并拒绝支付经济补偿金

D. 李某合同到期，萱草公司提出按照原合同续订1年但遭到李某拒绝，萱草公司拒绝支付经济补偿金

[考点] 劳动合同解除理由

65. 某市劳动争议仲裁委收到下列关于无固定期限劳动合同的仲裁申请，其中当事人主张的理由，正确的是：（　）

A. 秋风2016年进入甲厂，已经连续订立2次2年固定期限劳动合同，现第3次续订合同，其有权要求订立无固定期限劳动合同

B. 秋雨是就业困难人员，其在区政府安置提供的给予相应补贴的公益岗位上班，可参照

适用无固定期限劳动合同的规定

C. 秋山在菲洛巧克力公司（中意合资）连续工作满 10 年，现续订劳动合同，菲洛巧克力公司有权与其协商是否续订无固定期限劳动合同

D. 秋叶是甲市爆破器材厂（国有企业）的老员工，今年 57 岁，在该企业连续工作满 10 年，现国企改制，该企业有义务和秋叶签订无固定期限劳动合同

[考 点] 劳动合同的特殊类型（无固定期限劳动合同）

66. 甲公司与丙劳务派遣公司签订协议，由丙劳务派遣公司派遣王某到甲公司担任保洁员。王某在劳务派遣期间出现下列情况，哪些做法是符合法律规定的？（   ）

    A. 甲公司以生产经营停顿导致签订派遣协议时所依据的客观情况发生重大变化为由，将王某退回丙劳务派遣公司

    B. 王某严重违反甲公司规章制度，甲公司有权解除与王某的劳动合同

    C. 丙劳务派遣公司违反《劳动合同法》的规定造成王某损害的，甲公司应当承担连带赔偿责任

    D. 甲公司违法用工给王某造成损害的，丙劳务派遣公司应当承担连带赔偿责任

    [考 点] 劳动合同的特殊类型

67. 甲公司是本市著名的教育培训公司，栗子是甲公司的人力资源主管，刘某、张某和魏某等人应聘成为甲公司市场部招生人员，在工作期间均和甲公司发生劳动争议，并且因教育领域开展对校外学科培训的监管，甲公司面临经营困境。请回答（1）~（5）题：

    (1) 2021 年甲公司和下列人员发生的纠纷，属于劳动争议的有哪些？（   ）

        A. 刘某虽在甲公司工作，但双方没有订立书面劳动合同，现因其离职发生的经济补偿纠纷

        B. 甲公司逾期没有支付解除劳动合同的经济补偿，李某要求加付赔偿金发生纠纷

        C. 王某辞职，但甲公司拒绝为他办理社会保险关系等移转手续发生的纠纷

        D. 甲公司返聘本单位已经退休的赵某，现双方发生用工争议

        [考 点] 劳动争议的认定

    (2) 甲公司拖欠栗子 2022 年 3 月工资 4000 元迟迟不付。根据《劳动争议调解仲裁法》的规定，对上述欠薪纠纷哪些解决方式是合法的？（   ）

        A. 栗子对仲裁裁决不服的，不得再向法院提起诉讼

        B. 甲公司对仲裁裁决不服的，不得再向法院提起诉讼

        C. 若栗子认可仲裁裁决向法院申请执行，但甲公司不服向中级法院申请撤销，中级法院应当不予受理甲公司的申请

D. 若当事人双方均不服，栗子提起诉讼、甲公司向中级法院申请撤销，中级法院应当不予受理甲公司的申请

[考点] 劳动争议的解决方式（小额纠纷）

(3) 张某和甲公司因是否要支付加班费发生争议，下列哪些表述是正确的？（　　）

A. 张某应当就是否存在加班事实承担举证责任
B. 是否未按照规定标准支付加班费由甲公司负举证责任
C. 加班费纠纷中，均应当由用人单位承担举证责任
D. 上述纠纷双方分别向劳动合同履行地和甲公司所在地的劳动争议仲裁委员会申请仲裁，依据受理时间顺序确定仲裁管辖权

[考点] 劳动争议的解决方式（举证责任、仲裁时效）

(4) 魏某和甲公司的劳动合同于 2022 年 7 月到期，甲公司未与魏某签订新的书面劳动合同，魏某也未中断工作而是继续上班。就该合同的处理，下列哪些选项是正确的？（　　）

A. 甲公司未与魏某签订新的书面劳动合同，魏某也未中断工作，应视为原劳动合同继续有效
B. 劳动合同到期后，用人单位应签订新的劳动合同，否则属于未与劳动者订立书面劳动合同的情形。故魏某有权自 8 月份开始请求支付 2 倍工资
C. 该劳动合同到期时，甲公司提出按照原合同续订 1 年但遭到魏某拒绝，甲公司也拒绝支付经济补偿金
D. 该劳动合同到期时，甲公司将魏某岗位调整到离其家很远的仓储部门，魏某拒绝续订，甲公司也拒绝支付经济补偿金

[考点] 合同续订；合同解除的经济补偿

(5) 2024 年，因市场竞争激烈，甲公司面临经营困境并拖欠多名员工的工资，多名员工向当地劳动仲裁委员会提出关于劳动报酬的仲裁。现就该仲裁裁决的后续处理，下列表述符合法律规定的是：（　　）

A. 甲公司和员工分别向有管辖权的法院起诉的，由劳动合同履行地的基层法院管辖
B. 张某不服劳动仲裁机构作出的预先支付劳动报酬 1000 元的裁决，提起诉讼，法院应当受理
C. 劳动争议仲裁机构作出的调解书已经发生法律效力，一方当事人反悔提起诉讼的，法院不予受理
D. 部分劳动者对仲裁裁决不服，提起诉讼的，该仲裁裁决对所有劳动者均不发生法律效力

[考点] 劳动争议的解决方式

答案及解析

62. [考点] 劳动关系（新就业形态劳动关系的认定）

[答案] AD

[解析] 判断企业和劳动者是否构成劳动关系，要考虑：

（1）根据用工事实认定企业和劳动者的关系，即认定劳动关系应当坚持事实优先原则；

（2）劳动关系的核心特征为"劳动管理"，即劳动者与用人单位之间具有人格从属性、经济从属性、组织从属性。

A 选项正确，刘某与 A 平台构成劳动关系。因为 A 平台对刘某存在明显的劳动管理行为，刘某对 A 公司体现了较强的从属性，符合劳动关系情形。

B 选项错误，张某与 B 互联网外卖平台构成劳务关系，不构成劳动关系。B 互联网外卖平台仅提供信息中介、交易撮合等服务，没有明显对劳动者进行组织和管理，不宜认定为劳动关系。

C 选项错误。C 文化传播公司以经纪人身份与艺人订立的合同通常兼具委托合同、中介合同、行纪合同等性质，体现出平等协商的特点，应当认定为民事关系。

D 选项正确。虽然双方签订的是"合作协议"，但应当根据用工事实来确定，本案用人单位按照其劳动规章制度管理和使用劳动者，双方形成管理与被管理、支配与被支配的关系，构成劳动关系。

63. （1）[考点] 对女职工、未成年工的特殊保护

[答案] ABCD

[解析] A 选项当选。女职工孕期、产期、哺乳期，单位不得对其预告解除劳动合同、经济性裁员。但单位可因劳动者过错而及时解除其劳动合同。（《劳动法》第 29 条第 3 项；《劳动合同法》第 42 条第 4 项）

B 选项当选。根据《劳动法》第 61 条的规定，不得安排怀孕 7 个月以上的女职工延长工作时间和夜班劳动，而非从"怀孕"时起。

C 选项当选。不得安排未成年工从事矿山井下、有毒有害、国家规定的第四级体力劳动强度的劳动和其他禁忌从事的劳动。（《劳动法》第 64 条）

D 选项当选。用人单位应当对未成年工定期进行健康检查。（《劳动法》第 65 条）没有规定对"女职工"进行健康检查。

(2) [考点] 劳动合同的解除、企业内部规章制度

[答案] C

[解析] A选项错误。在制定、修改或者决定直接涉及劳动者切身利益的规章制度或者重大事项时，用人单位履行下列民主程序后，规章制度可以作为确定双方权利义务的依据：①通过民主程序制定；②不违反国家法律、行政法规及政策规定；③公示或者告知劳动者。(《劳动合同法》第4条) 本题未体现履行民主程序，不能发生法律效力。

B选项错误。建立了工会组织的用人单位单方解除劳动合同时，如果未事先通知工会，劳动者有权以用人单位违法解除劳动合同为由请求用人单位支付赔偿金。(《劳动争议解释(一)》第47条) 所以，"未通知工会"并不会导致解除劳动合同无效。

C选项正确，D选项错误。由于甲公司绩效考核规定末等有10%比例限制，所以即使劳动者能胜任工作，也有可能排名末位。"末位≠不能胜任"，所以该公司解除劳动合同违法。

(3) [考点] 工会的职权

[答案] ACD

[解析] B选项错误。工会成员有权担任企业劳动争议调解委员会的职工代表，而非企业代表。

64. (1) [考点] 劳动合同的特殊条款

[答案] A

[解析] A选项正确。《劳动合同法》第25条对劳动者承担违约金有严格限制，仅当劳动者违反竞业限制、服务期约定时，才可由劳动者承担违约金。所以，A选项侵犯商业秘密，劳动者不承担违约责任，而承担侵权责任。

B选项错误。用人单位与劳动者可以在劳动合同中约定保守用人单位的商业秘密和与知识产权相关的保密事项。(《劳动合同法》第23条第1款) 所以，劳动者的保密义务是由合同约定的，而非法定义务。因此，B选项中萱草公司的劳动合同条款有效，律师的意见错误。

C选项错误。萱草公司超过3个月未支付经济补偿的，劳动者有权解除竞业限制约定。(《劳动争议解释(一)》第38条)

D选项错误。劳动者违反竞业限制约定，向用人单位支付违约金后，用人单位要求劳动者按照约定继续履行竞业限制义务的，人民法院应予支持。(《劳动争议解释(一)》第40条)

(2) [考点] 劳动合同的特殊条款

[答案] BD

[解析] A 选项不当选。当用人单位出现未及时足额支付劳动报酬、未依法为劳动者缴纳社会保险费等情形时，根据《劳动合同法》第 38 条第 1 款的规定，劳动者有权解除劳动合同。即使尚处于服务期内，这仍是劳动者的法定解除权，不属于违反服务期的约定。(《劳动合同法实施条例》第 26 条第 1 款) 所以，张某解除服务期合同，无需支付违约金。

B 选项当选。根据《劳动合同法》第 39 条第 2 项的规定，劳动者严重违反用人单位的规章制度的，用人单位享有法定解除权。此种情形下，劳动者未按照约定完成服务期的，即使是用人单位提出解除约定服务期的劳动合同的，劳动者仍要支付违约金。(《劳动合同法实施条例》第 26 条第 2 款第 1 项)

C 选项不当选。违约金不包括劳动者张某辞职给公司造成的损失，这属于间接损失，不包含在违约金范围内。违约金不得超过服务期尚未履行部分所应分摊的培训费用。培训费用，包括用人单位为了对劳动者进行专业技术培训而支付的有凭证的培训费用、培训期间的差旅费用以及因培训产生的用于该劳动者的其他直接费用。(《劳动合同法实施条例》第 16 条)

D 选项当选。劳动者提前辞职，属于违反服务期约定，应当按照约定向用人单位支付违约金。

(3) [考点] 劳动合同解除理由
[答案] ABCD

[解析] A 选项当选。依法缴纳社会保险费是用人单位与劳动者的法定义务，即便是劳动者要求用人单位不为其缴纳社会保险费，劳动者按照《劳动合同法》第 38 条第 1 款第 3 项的规定提出解除劳动合同并主张经济补偿的，仍应予支持。

B 选项当选。劳动者非因本人原因从原用人单位被安排到新用人单位工作，原用人单位已经向劳动者支付经济补偿的，新用人单位在依法解除、终止劳动合同计算支付经济补偿的工作年限时，不再计算劳动者在原用人单位的工作年限。(《劳动合同法实施条例》第 10 条)

C 选项当选。劳动者严重违反用人单位的规章制度，用人单位可以解除劳动合同。根据《劳动合同法》第 46 条"经济补偿"的规定，该种过错性解除合同，用人单位无需支付经济补偿。

D 选项当选。劳动合同终止时，用人单位"高平续订被拒绝"的，无需支付经济补偿金。(《劳动合同法》第 46 条第 5 项)

65. [考点] 劳动合同的特殊类型（无固定期限劳动合同）
[答案] AD

[解析] B选项错误。公益性岗位不适用无固定期限劳动合同的规则。

C选项错误，错在"协商"。在满足法定无固定期限劳动合同情况下，是否订立无固定期限劳动合同的决定权掌握在劳动者手中。参见《劳动合同法实施条例》第11条的规定："除劳动者与用人单位协商一致的情形外，劳动者依照劳动合同法第14条第2款的规定，提出订立无固定期限劳动合同的，用人单位应当与其订立无固定期限劳动合同。……"

66. [考点] 劳动合同的特殊类型
[答案] AD
[解析] B选项不当选。在劳务派遣法律关系中，丙劳务派遣公司是用人单位，其和王某签订劳动合同。甲公司是用工单位，它和王某并无劳动合同关系，所以甲公司无权解除劳动合同。

C选项不当选。丙劳务派遣公司是用人单位，它给被派遣劳动者造成损害的，应当自行承担赔偿责任，因为用工单位（甲公司）无法约束用人单位（丙劳务派遣公司）的行为。不要混淆：用工单位给被派遣劳动者造成损害的，劳务派遣单位与用工单位承担连带赔偿责任。（《劳动合同法》第92条第2款）故D选项当选。

67. (1) [考点] 劳动争议的认定
[答案] ABC
[解析] D选项不当选。赵某已经退休，和甲公司之间应当按劳务关系处理。（《劳动争议解释（一）》第32条第1款）

A、B、C选项均当选，参见《劳动争议解释（一）》第1条的规定。

(2) [考点] 劳动争议的解决方式（小额纠纷）
[答案] BD
[解析] A选项不当选。小额纠纷（本题4000元）的裁决属于"终局裁决"，同时对劳动者倾斜保护，即劳动者不服的，可以向基层法院提起诉讼。

B选项当选。本题小额纠纷为"终局裁决"，用人单位不能向法院起诉，也不能申请再次仲裁，但在具备法定情形时，用人单位可以向劳动争议仲裁委员会所在地的中级法院申请撤销裁决。（《劳动争议调解仲裁法》第47~49条）

C选项不当选。此种情况的处理是"法院应当裁定中止执行"。《劳动争议解释（一）》第25条第1款规定："劳动争议仲裁机构作出终局裁决，劳动者向人民法院申请执行，用人单位向劳动争议仲裁机构所在地的中级人民法院申请撤销的，人民法院应当裁定中止执行。"

D 选项当选。双方均不服小额纠纷裁决的，优先审理劳动者提出的诉讼。(《劳动争议解释（一）》第 21 条第 1 款)

(3) [考点] 劳动争议的解决方式（举证责任、仲裁时效）
[答案] AB
[解析] A 选项正确。《劳动争议解释（一）》第 42 条规定："劳动者主张加班费的，应当就加班事实的存在承担举证责任。……"

B 选项正确。"加班费"属于劳动报酬，《劳动争议解释（一）》第 44 条规定："因用人单位作出的开除、除名、辞退、解除劳动合同、减少劳动报酬、计算劳动者工作年限等决定而发生的劳动争议，用人单位负举证责任。"

C 选项错误。理由见上述 A、B 选项解析。

D 选项错误。应当由劳动合同履行地的劳动争议仲裁委员会管辖。

(4) [考点] 合同续订；合同解除的经济补偿
[答案] AC
[解析] A 选项正确，B 选项错误。《劳动争议解释（一）》第 34 条第 1 款规定："劳动合同期满后，劳动者仍在原用人单位工作，原用人单位未表示异议的，视为双方同意以原条件继续履行劳动合同。一方提出终止劳动关系的，人民法院应予支持。"

C 选项正确，D 选项错误。劳动合同终止时，用人单位"高平续订被拒绝"的，无需支付经济补偿金，但降低用工条件续订劳动合同又被劳动者拒绝的，用人单位应当支付经济补偿金。(《劳动合同法》第 46 条第 5 项)

(5) [考点] 劳动争议的解决方式
[答案] C
[解析] A 选项不当选。双方当事人就同一仲裁裁决分别向有管辖权的法院起诉的，后受理的法院应当将案件移送给先受理的法院。(《劳动争议解释（一）》第 4 条)（不要混淆：此题是指诉讼，不是劳动争议仲裁的管辖纠纷）

B 选项不当选。因为预先支付劳动报酬、工伤医疗费、经济补偿或者赔偿金的仲裁裁决并非对该劳动争议的完整裁决，可以说是为了解决劳动者当前生活困境的临时措施，所以当事人不服上述预先支付裁决，依法提起诉讼的，法院不予受理（《劳动争议解释（一）》第 10 条第 1 款）。

D 选项不当选。劳动争议仲裁机构对多个劳动者的劳动争议作出仲裁裁决后，部分劳动者对仲裁裁决不服，依法提起诉讼的，仲裁裁决对提起诉讼的劳动者不发生法律效力；对未提起诉讼的部分劳动者，发生法律效力。(《劳动争议解释（一）》第 17 条)

第11讲 社会保险与军人保险法律关系

专题 16 社会保险、军人保险法律制度

68. 国家建立基本养老保险制度，目的是保障公民在年老时可以从国家和社会获得物质帮助。关于基本养老保险制度，依据我国《社会保险法》的规定，下列表述正确的是：（   ）

A. 用人单位可以按照国家规定的本单位职工工资总额的比例缴纳基本养老保险费，也可以按照当地职工平均工资缴纳基本养老保险费

B. 国有企业、事业单位职工参加基本养老保险前，视同缴费年限期间应当缴纳的基本养老保险费由政府承担

C. 个人跨统筹地区就业的，其基本养老保险关系随本人转移，达到法定退休年龄时，基本养老金分段计算、分别支付

D. 参加基本养老保险的个人，达到法定退休年龄时累计缴费满15年的，可一次性领取基本养老金

[考 点] 基本养老保险

69. 某日，甲公司员工王某下班回家途中被李某所骑电动车撞倒身亡，交警部门经调查认定李某负主要责任。王某亲属申请进行工伤认定时和该市人力资源和社会保障局发生纠纷。现就社会保险行政部门的下列处理意见，人民法院不予支持的是：（   ）

A. 甲公司和所有员工均签署自愿放弃社保声明书，甲公司可据该协议不承担工伤保险责任

B. 社会保险行政部门以王某亲属已经对李某提起民事诉讼为由，作出不予受理工伤认定申请的决定

C. 李某家境窘迫，无力支付人身损害赔偿时，工伤保险基金先行支付工伤医疗费用后，有权向李某追偿

D. 社会保险经办机构主张承担补充赔偿责任，就李某不足赔偿部分以工伤保险基金支付

工伤保险待遇

[考点] 基本工伤保险

70. 关于失业人员领取失业保险金的表述，下列选项符合《社会保险法》规定的是：（   ）

A. 失业前用人单位和本人已经缴纳失业保险费满1年的，才有资格领取失业金

B. 宋某被企业裁员后如未进行求职登记，不得领取失业保险金

C. 若职工张某因为严重违规被用人单位开除，不得领取失业保险金

D. 失业人员从失业保险基金中领取失业保险金，同时应当缴纳基本医疗保险费

E. 失业人员享受基本养老保险待遇的，停止享受失业保险待遇

[考点] 基本失业保险

71. 关于军人退役医疗保险制度，下列哪些说法是正确的？（   ）

A. 所有参加军人退役医疗保险的军官、士官和义务兵应当缴纳军人退役医疗保险费，国家按照个人缴纳的军人退役医疗保险费的同等数额给予补助

B. 军人退出现役后参加职工基本医疗保险的，由退役军人和地方社会保险经办机构办理相应的转移接续手续

C. 军人服现役年限与入伍前和退出现役后参加职工基本医疗保险的缴费年限合并计算

D. 军人有权查询、核对退役医疗保险的个人缴费记录和个人权益记录

[考点] 军人保险（退役医疗保险）

答案及解析

68. [考点] 基本养老保险

[答案] B

[解析] A选项错误，错在"也可以按照当地职工平均工资缴纳基本养老保险费"。《社会保险法》第12条第1款规定："用人单位应当按照国家规定的本单位职工工资总额的比例缴纳基本养老保险费，记入基本养老保险统筹基金。"

C选项错误，错在"分别支付"。我国基本养老金是"分段计算、统一支付"。参见《社会保险法》第19条的规定："个人跨统筹地区就业的，其基本养老保险关系随本人转移，缴费年限累计计算。个人达到法定退休年龄时，基本养老金分段计算、统一支付。具体办法由国务院规定。"

D选项错误。并非"一次性领取"，应当是"按月领取"（《社会保险法》第16条第1款）。

69. [考点] 基本工伤保险

[答案] ABD

[解析] A 选项当选。用人单位和劳动者必须依法参加社会保险，缴纳社会保险费。（《劳动法》第 72 条）所以，签署的"自愿放弃社保声明书"是无效协议。

B 选项当选。由于第三人的原因造成工伤，社会保险行政部门以职工或者其近亲属已经对第三人提起民事诉讼或者获得民事赔偿为由，作出不予受理工伤认定申请或者不予认定工伤决定的，人民法院不予支持。

C 选项不当选。由于第三人的原因造成工伤，第三人不支付工伤医疗费用或者无法确定第三人的，由工伤保险基金先行支付。工伤保险基金先行支付后，有权向第三人追偿。（《社会保险法》第 42 条）

D 选项当选，错在"承担补充赔偿责任"。只要依法作出工伤认定，社会保险经办机构就应当支付工伤保险待遇，这和第三人是否支付民事赔偿没有关系。（注意：工伤医疗费用由第三人承担，社会保险经办机构不承担）

70. [考点] 基本失业保险

[答案] ABE

[解析] A、B 选项当选。《社会保险法》第 45 条规定："失业人员符合下列条件的，从失业保险基金中领取失业保险金：①失业前用人单位和本人已经缴纳失业保险费满 1 年的；②非因本人意愿中断就业的；③已经进行失业登记，并有求职要求的。"

C 选项不当选。张某被开除，也属于"非因本人意愿中断就业"，所以"开除"不能成为阻止张某领取失业金的理由。

D 选项不当选。失业人员应当缴纳的基本医疗保险费从失业保险基金中支付，个人不缴纳基本医疗保险费。（《社会保险法》第 48 条第 2 款）

E 选项当选。根据《社会保险法》第 51 条第 4 项的规定，失业人员在领取失业保险金期间，享受基本养老保险待遇的，停止领取失业保险金，并同时停止享受其他失业保险待遇。

71. [考点] 军人保险（退役医疗保险）

[答案] CD

[解析] A 选项错误。义务兵和供给制学员不缴纳军人退役医疗保险费，国家按照规定的标准给予军人退役医疗保险补助。（《军人保险法》第 20 条第 2 款）

B 选项错误。不是由"军人"自己办理，而是由军队后勤（联勤）机关财务部门和地方社会保险经办机构办理相应的转移接续手续（《军人保险法》第 23 条第 1 款）。

第12讲 经济法

专题 17 竞争法律制度

72. 对是否构成垄断行为的认定以及处理的判断，下列哪一选项是正确的？（ ）

A. A 公司是实力雄厚的大型百货零售商，它与多家上游生产商各自单独签订了独家供货协议，该行为构成垄断

B. B 平台是一家提供在线旅行预订服务系统的公司，各旅行社可以通过 B 平台实现预订。B 平台通过邮箱向所有平台内旅行社群发邮件，要求"旅行折扣上限定为 3%"。没有一家旅行社对此提出异议，该行为构成垄断

C. C 公司等多家大型彩电液晶面板生产商共同协商向彩电生产厂家的供货价格，该行为构成纵向垄断

D. 若 C 公司上述垄断行为损害社会公共利益，该市甲区检察院可以提起民事公益诉讼

[考点] 垄断行为的认定和处理

73. A 公司是中国境内网络零售平台，其对平台内商家提出"二选一"要求，禁止平台内商家在其他竞争性平台开店或参加促销活动，并采取多种奖惩措施保障"二选一"规则的执行。请回答（1）（2）题：

（1）B 公司主张 A 公司滥用市场支配地位，向法院提起反垄断侵权之诉。下列哪些说法是正确的？（ ）

A. 本案首先应界定争议所涉相关市场

B. 有证据证明 A 公司在相关市场的市场份额达到 50% 以上，即可认定其具有市场支配地位

C. 就 A 公司是否在相关市场达到上述市场份额，B 公司应当承担举证责任

D. B 公司应当在 A 公司被反垄断执法机构认定构成垄断行为的处理决定发生法律效力后向法院提起民事诉讼

[考点] 滥用市场支配地位（认定前提、主体）

(2) 就该案A公司行为的判断，下列说法正确的是：（ ）

A. A公司为促销投入巨大资源和财力，有权对参加促销活动的平台内商家加以限制

B. A公司实施的"二选一"构成滥用市场支配地位项下的限定交易行为

C. A公司实施的"二选一"构成滥用市场支配地位项下的实行差别待遇行为

D. A公司实施的"二选一"构成没有正当理由在交易时附加其他不合理交易条件

[考 点] 滥用市场支配地位

74. 甲公司和乙公司均是互联网直播平台头部企业，二者主要业务近似，均接受A公司投资。其中A公司占甲公司股份的5.1%，占乙公司股份的7.5%。现在甲、乙公司准备合并共同发展，该次合并规模已达到国务院规定的申报标准。关于二者经营者集中行为的判断，下列哪些说法是错误的？（ ）

A. 参与集中的甲公司和乙公司5%以上股份由同一个未参与集中的经营者A公司拥有，该次集中可以不向反垄断执法机构申报

B. 甲公司对反垄断执法机构作出的禁止经营者集中的决定不服的，先申请行政复议；对行政复议决定不服的，可以依法提起行政诉讼

C. 对上述合并的审查集中于对甲公司和乙公司在相关市场的市场份额方面

D. 对上述合并的审查还要考虑股东A公司的财力和技术条件

[考 点] 经营者集中

75. 根据《反不正当竞争法》的规定，下列哪些行为属于不正当竞争行为中的混淆行为？（ ）

A. "A青旅"是"A市中国青年旅行社"的简称，经过多年使用和宣传已享有较高市场知名度。若干年后，A市另一旅游公司"国青国际旅行社"也使用"A青旅"的简称进行宣传

B. 甲把文章上传至自己的微博，乙未经甲许可，在自己的微博中设置链接，用户点击链接可进入甲的微博阅读该文章

C. "九头鹰"酒家照搬具有知名度的"九头鸟"酒家的灯箱招牌式样、服务员服装、店面装修、菜名等

D. 甲体育运动服装品牌利用某篮球巨星的头像和其中文姓名作为服装商标

[考 点] 不正当竞争行为（混淆行为）

专题 18 消费者权益保护法律制度

76. 栗子本月多次通过网络平台消费，但有时收到商品即生后悔之意，有时下单付款后即

改变想法,她准备利用"7天无理由退货"规则但屡次被商家拒绝。请回答(1)(2)题:

(1) 经营者通过网络方式销售商品的,其下列哪些做法不符合《消费者权益保护法》的规定?(   )

A. 经营者可以将不适用无理由退货作为消费者默认同意的选项

B. 经营者可以根据市场需求和商品特点决定不适用无理由退货的商品范围

C. 退货的商品应当完好,经营者有权拒绝消费者打开包装并试穿后服装的"无理由退货"要求

D. 消费者定作的商品,即使经营者未标注和提示消费者在购买时进行确认,经营者仍可拒绝"无理由退货"要求

[考点] 消费者权利和经营者义务(无理由退货)

(2) 栗子购物时发生的下列哪些情形不适用"无理由退货"?(   )

A. 栗子在A服装网店下单购买一件防晒衣,A服装网站在网页显著位置标示"一经拆封,概不退换",栗子打开包装后发现不喜欢该衣服款式,要求无理由退货

B. 栗子在线续期"喜马拉雅"会员,在线付款后又看到其他网站的续期有折扣,准备退掉喜马拉雅会员续期

C. 栗子在C文化创意公司的网店购买盲盒"福袋"文创商品,C文化创意公司网页上有明显的提示"完成拆'福袋'后,不支持七日无理由退货"。栗子完成线上拆"福袋"后,发现没有喜欢的商品,在商家尚未发货时即要求退货

D. 栗子通过D票务网购买一场话剧的演出门票,下单付款后发现误购,立刻申请D票务网退票

[考点] 消费者权利和经营者义务(无理由退货)

77. 栗子近期遇到一系列烦心事,其母亲栗大妈迷恋直播间购物、家门口的健身馆要搬家、刚买的空调不制冷等。根据《消费者权益保护法》及相关规定,请回答(1)~(3)题:

(1) 栗大妈经常刷某音短视频,最近迷上了在该平台"小马哥的直播间"购买主播小马哥推荐的A品牌抗癌化妆品和B品牌玉石首饰。在小马哥声情并茂讲解A品牌化妆品有抗癌成分和B品牌玉石神奇养生功效的民间传说后,栗大妈共消费2万余元。收到商品后,栗子送专业机构化验发现所购化妆品均无抗癌功效,一堆玉石首饰明显不符合栗大妈的实际需求。栗子于是向某音平台投诉。就该网络直播消费纠纷的解决,下列哪些说法是正确的?(   )

A. 栗大妈有权要求某音平台提供"小马哥直播间"的运营者、直播营销人员的相关信息

B. 栗大妈有权要求该直播间运营者提供 A 品牌和 B 品牌经营者的真实名称、地址和有效联系方式

C. 栗大妈有权要求直播间对化妆品和玉石首饰退货并按照商品价款 3 倍增加赔偿金额

D. 直播间虽然诱导老年消费者购买明显不符合其实际需求的商品，但属正常销售手段，不违法

[考点] 消费者权利和经营者义务（直播营销）

(2) A 品牌空调正在打折销售，原价 1399 元，现价 899 元。栗子 6 月 26 日在网上购买了一台 A 品牌正品空调，恰好赶上电商平台当天启动全网促销活动，栗子实际支付 849 元。在开发票时，因为系统当天调整，显示栗子购货款为 899 元。合同约定退货、更换的有效期限为 1 个月，自交付商品或者提供服务完结之日起计算。6 月 28 日空调运到后，栗子和第三方安装公司约定 7 月 10 日上门安装。随后空调使用过程中，常有漏水现象且不制冷。栗子和商家联系退货，则下列表述正确的是：（　　）

A. 退货有效期限于 7 月 28 日截止

B. 退货有效期限于 7 月 26 日截止

C. 退货时经营者可以分次退清相关款项

D. 经营者主张实际支付的价格与发票显示的价格不一致的，由经营者承担举证责任

[考点] 消费者权利和经营者义务（退货）

(3) 栗子居住小区附近的 A 健身馆正在大力促销，健身顾问推荐她办会员金卡，可自己健身，也可参加各种内部锻炼课程；在健身卡中预存 1 万元可以抵 1.2 万元使用。栗子看到优惠幅度很大，欣然办卡。栗子开始健身后，发现 A 健身馆一直没有内部课程，经询问方得知，健身馆一直没有找到合适的教练。8 个月后，该健身馆贴出通知，因房租涨价，决定一周后搬迁。新地址与栗子家相距 20 公里，栗子要求退卡发生纠纷。则：（　　）

A. A 健身馆与栗子可以口头约定，也可以订立书面合同约定服务的具体内容、预付款退还方式等事项

B. A 健身馆一直未提供内部锻炼课程，栗子有权要求退还预付款余额

C. A 健身馆搬迁但并未停业，仍可继续履行合同，栗子不可要求退还未消费的预付款余额

D. 栗子有权主张退还预付款余额和利息，以及自己支付的合理费用

[考点] 消费者权利和经营者义务（预付款）

78. 经营者应当依法保护消费者的个人信息。根据《消费者权益保护法》及相关规定，下列购物类 APP 中的"隐私权政策""用户协议"内容，哪些是不合法的？（　　）

A. 甲 APP 下载首页规定，若用户"不同意"收集非必要个人信息或打开非必要权限，该 APP 则拒绝提供业务功能

B. 乙 APP 下载首页规定，只要曾经授权平台访问通讯录，即视为同意平台向其推荐可能认识的好友并自动分享购物记录、浏览记录同步至社交圈，消费者如想取消，需要到"设置"中进行操作

C. 丙 APP 用户协议规定，为个性化展示商品或服务信息，该 APP 会收集和使用消费者浏览、搜索记录、设备信息、服务志信息，通过算法模型预测消费偏好，匹配个性化商品或服务

D. 丁电商购物平台（APP）在应用程序个人用户界面上线名为"某钱包"的支付服务应用功能，将其收集的消费者信息和"某钱包"共享。"某钱包"实际运营主体为 B 公司

[考　点] 消费者权利和经营者义务

79. 张某从授权经销商甲公司处购买了一辆价格近 600 万元的进口轿车，使用 2 年后，通过网上查询到该轿车有更换窗帘和漆面轻微损害处理。经查明，因长途运输，在交付消费者前，经销商甲公司对该轿车进行了检查，发现车辆左前门下方一处车漆瑕疵，其处理不涉及钣金，不涉及喷漆，仅经抛光打蜡即得到妥善处理。在交付购车者之前，经销商对存在的瑕疵和问题处理后进行了记载，并将该信息上传至消费者可以查询的该轿车官网，但是在张某提车时，并未告知上述情况。关于本案，下列哪一项说法是正确的？（　　）

A. 甲公司的行为构成欺诈

B. 张某可以主张购车款 3 倍的惩罚性赔偿

C. 甲公司的行为侵害了消费者的知情权

D. 甲公司的行为侵害了消费者的公平交易权

[考　点] 欺诈的认定

80. 2020 年，甲省讨论本省特色食品"风干面"食品标准问题。下列表述哪些是错误的？（　　）

A. 没有风干面的食品安全国家标准时，可先行制定地方标准，待国家标准制定后，酌情存废

B. 有风干面的食品安全国家标准的，可以制定并公布食品安全地方标准，但应当严于国家标准

C. 食品安全国家标准由国务院食品药品监督管理部门独立制定并提供国家标准编号

D. 食品安全风险监测方案是制定、修订风干面地方标准的科学依据

E. 省、自治区、直辖市人民政府卫生行政部门可以制定并公布食品安全地方标准，报同级人民政府备案

[考点] 食品安全标准

81. 孙某是甲超市的老顾客，某日发现甲超市销售的当地著名食品"三河"牌香肠已经超过保质期，但孙某当日未带钱包。第二天，孙某又到甲超市购买该超过保质期的香肠15包，结账后径直到服务台要求甲超市支付香肠售价10倍的赔偿金。同日，徐某在甲超市购买了H食品进出口公司经销的葡萄酒30瓶，共消费金额3000元，这批进口葡萄酒包装上标注"配料：葡萄汁、微量二氧化硫"，但未按国家规定标注二氧化硫的具体含量。经查，该批葡萄酒符合国家食品安全标准且来源渠道合法。请回答（1）（2）题：

（1）孙某要求甲超市支付香肠售价10倍的赔偿金，下列哪些判断是错误的？（ ）

A. 孙某买假索赔，并非为生活消费需要的消费者，不适用惩罚性赔偿

B. 孙某买假索赔，并未受到欺诈，不适用惩罚性赔偿

C. 孙某的索赔请求于法有据

D. 本案难以确认超市是否"明知"香肠过期，故无权主张惩罚性赔偿

E. 本案若甲超市构成欺诈，应当适用商品价款3倍的惩罚性赔偿

[考点] 违反食品安全的法律责任

（2）徐某要求甲超市退还酒款并向H食品进出口公司主张赔偿金3万元，下列哪些说法是正确的？（ ）

A. 该葡萄酒标签未标注具体添加量，不符合食品安全标准要求

B. 徐某退还购货款的请求能得到支持

C. 徐某要求10倍赔偿的请求不能得到支持

D. 徐某要求10倍赔偿的请求应当得到支持

E. 甲超市对该批葡萄酒负有召回义务

[考点] 违反食品安全标准的法律责任

82. 天星食品有限公司为专门生产婴幼儿食品的企业。该公司的下列哪些行为符合《食品安全法》的相关规定？（ ）

A. 从原料进厂到成品出厂进行全过程质量控制，对出厂的婴幼儿配方食品按照十选一的比例进行批次抽检，保证食品安全

B. 将食品原料、食品添加剂、产品配方及标签等事项向所在地省人民政府食品安全监督

管理部门备案

C. 将婴幼儿配方乳粉的产品配方报国务院食品安全监督管理部门注册

D. 使用同一婴幼儿乳粉配方开展双品牌经营

[考 点] 婴幼儿食品

83. 近年常查出某些保健品中非法添加"他达那非"，冠心病及高血压患者人群服用，可能导致心肌梗塞、血压过高、猝死等，长期服用会造成人体肾脏、肝脏功能不全等严重后果。基于保健食品的特殊性，《食品安全法》对其实行严格的监督管理。关于专门针对保健食品的监督管理措施，下列选项正确的是：（　　）

A. 就上述保健品，食品药品检验机构因过失出具不实检验报告，造成消费者损害，应当对消费者承担连带责任

B. 对上述侵害众多消费者合法权益的行为，中国消费者协会以及各省、市、县设立的消费者协会，可以向法院提起公益诉讼

C. 现查明保健食品广告含有虚假内容，当地负责监督的食品安全监督管理部门应对消费者承担连带责任

D. 保健食品原料目录和允许保健食品声称的保健功能目录，可由省级食品安全监督管理部门制定、调整并公布

E. 该保健食品中使用了目录外原料，应当经国务院食品安全监督管理部门备案

[考 点] 对保健食品的监管、民事责任

专题 ⑲ 商业银行与银行业监督管理

84. 关于商业银行贷款的业务规则，下列判断正确的是：（　　）

A. 商业银行非法吸收存款或者违规发放贷款的，由中国人民银行责令改正

B. 向关系人发放担保贷款的条件优于其他借款人同类贷款条件的贷款合同无效

C. 不得向与商业银行有业务往来的客户企业的董事、监事和高级管理人员发放信用贷款

D. 商业银行管理的证券投资基金不得用于贷款

[考 点] 商业银行贷款规则

85. A商业银行推出"租金贷"业务，租客在租房时，与长租房机构签订租约的同时和A银行签订贷款合约，由A银行将借款人租金一次性支付给租房机构，然后租客每个月归还银行贷款。对此，下列哪些说法是正确的？（　　）

A. A银行提供"租金贷"业务，须经国家金融监督管理机构审批或备案

B. A银行不得为申请"租金贷"小额贷款的租户提供信用贷款

C. 银行贷款应对租客的工作情况、工资收入、父母工作等情况进行严格审查

D. A银行对同一借款人的贷款余额与银行资本余额的比例不得超过10%

E. 国家市场监督管理总局可吊销A银行的金融许可证

[考点] 商业银行贷款规则

86. 关于商业银行的业务规则,下列表述正确的有:(   )

A. 商业银行在我国境内不得从事信托投资业务,也不得向非自用不动产投资

B. 商业银行同业拆借的拆入资金可用于发放固定资产贷款或者解决临时性周转资金的需要

C. 商业银行应当向国家金融监督管理机构、中国人民银行报送资产负债表、利润表以及其他财务会计、统计报表和资料

D. 商业银行违反规定同业拆借的行为由中国人民银行责令改正并处罚款

[考点] 商业银行业务规则

87. 包商银行资本充足率一直在7.8%左右浮动（低于8%的强制标准),经查,大量资金被大股东违法违规占用,形成逾期,长期难以归还,导致包商银行出现严重的信用危机。针对上述情况,下列处理正确的是:(   )

A. 该银行未遵守资本充足率、资产流动性比例,应当由中国人民银行责令改正

B. 国家金融监督管理机构包头市派出机构应当责令其限期改正

C. 可以决定停止批准其开办新业务,并可暂停其部分业务

D. 因其可能严重影响存款人利益,可对其实施接管或者机构重组措施

E. 对涉嫌转移或者隐匿违法资金的,经金融监督管理机构负责人批准,可以予以冻结

[考点] 违反审慎经营规则及其处理

专题 20 税收征纳实体法

88. 根据《个人所得税法》的规定,关于个人所得税征缴的表述,下列哪一选项是正确的?(   )

A. 居民纳税人是指具有中国国籍或者有来源于中国境内所得的个人

B. 居民个人综合所得全年应纳税所得额不超过36 000元的,其超额累进税率为10%

C. 甲省政府给本省籍贯的奥运会冠军颁发20万奖金,可以免征个人所得税

D. 外国人汤姆于2019年1月15日来到中国工作,于2019年10月14日截止。在此期间,汤姆在外国杂志上发表文章获得的稿酬收入不应在我国缴纳个人所得税

[考点] 个人所得税的征缴

89. 根据《个人所得税法》的规定，出现下列哪些情况，我国税务机关有权按照合理方法进行纳税调整？（　　）

A. 张某与其关联方之间的业务往来不符合独立交易原则且无正当理由而减少张某应纳税额

B. 李某因移民需要注销中国户籍

C. 赵某被国内公司派往外国工作，他从中国境外取得的所得

D. 演员王某要求将 1000 万元片酬汇入其设立在 A 地的个人工作室（A 地属于实际税负明显偏低地区）

[考点]（个税）纳税调整

90. 甲公司是我国境内企业，在本年度企业所得税缴纳中出现下列情况。请回答（1）~（3）题：

(1) 出现下列哪些情况，甲公司可根据《企业所得税法》享有税收优惠？（　　）

A. 甲公司购买国债取得的利息收入，可免征企业所得税

B. 甲公司开发一项新技术的研究开发费用，请求在计算应纳税所得额时加计扣除

C. 甲公司安置残疾人员所购置无障碍设备费用，可以在计算应纳税所得额时加计扣除

D. 甲公司从事非国家重点扶持和鼓励的创业投资，可以按投资额的一定比例抵扣应纳税所得额

[考点] 企业所得税（税收优惠）

(2) 甲公司在计算企业所得税时，对下列支出能否进行税前扣除的判断哪些是正确的？（　　）

A. 甲公司在计算应纳税所得额时，税收滞纳金和罚款不得扣除

B. 甲公司在计算应纳税所得额时应当扣除向投资者支付的股息等权益性投资收益款项

C. 甲公司实际缴纳的车船税可以扣除

D. 甲公司应当支付的企业所得税税款可以扣除

[考点] 企业所得税（支出）

(3) 甲公司和乙公司签订了买卖合同，甲公司已经将销售货物得到的收入款 100 万元缴纳了企业所得税，但随后甲、乙公司之间的合同被依法解除。关于甲公司因该买卖合同缴纳的企业所得税款，下列说法正确的是：（　　）

A. 因为买卖合同解除，甲公司要向乙公司返还该笔货款，所以甲公司缴税的基础

已经不存在，可以要求税务机关退税

B. 甲公司可以要求退税，符合实质课税原则

C. 甲公司不可以要求退税，符合税收法定原则

D. 甲公司不可以要求退税，符合禁止溯及课税原则

[考点] 税法的基本原则

91. 根据《车船税法》的规定，对于具有特殊功能和作用的车船，可以给予减免车船税优惠待遇。下列说法正确的是：（　　）

A. 捕捞、养殖渔船和农用车可法定免征车船税

B. 悬挂应急救援专用号牌的国家综合性消防救援车船可法定免征车船税

C. 从事机动车第三者责任强制保险业务的保险机构应当在收取保险费时依法代收车船税

D. 对节约能源、使用新能源的车船可以减征或者免征车船税

[考点] 车船税

专题 21 税收征收管理法律制度、审计法律制度

92. 甲县税务局经过调查，发现萱草公司擅自销毁账簿且拒不提供纳税资料，并且萱草公司准备在 2023 年 12 月 30 日前整体搬迁至邻省乙县。请回答（1）（2）题：

（1）萱草公司拒不提供纳税资料，对此，税务局有权采用下列哪些方法核定其应纳税额？（　　）

A. 参照全国同类行业或者类似行业中经营规模和收入水平相近的纳税人的税负水平核定

B. 按照萱草公司的营业收入或者成本加合理的费用和利润的方法核定

C. 按照萱草公司耗用的原材料、燃料、动力等推算或者测算核定

D. 按照萱草公司上年度投入宣传的广告费用核定

[考点] 税款征收的措施（核定应纳税额）

（2）得知萱草公司准备搬迁后，甲县税务局要求其在 2023 年 12 月 15 日前缴清所欠税款，但随后发现萱草公司有隐匿财产、放弃到期债权等一系列操作。甲县税务机关的下列哪些处理是错误的？（　　）

A. 2023 年 8 月，甲县税务局发现萱草公司隐匿、转移财产，可以直接采取强制执行措施

B. 萱草公司曾欠当地农商银行一笔贷款到期未还，并以一栋厂房设定了抵押，甲县

税务局主张以厂房拍卖后的价款优先清偿税款

C. 萱草公司怠于行使对季佳公司的一笔到期债权，甲县税务局可以直接向季佳公司代位行使债权

D. 萱草公司放弃对王五的到期债权，甲县税务局向法院请求以自己的名义行使撤销权

[考 点] 税款征收的措施（税收保全、代位权、优先权）

93. 根据《审计法》的规定，审计机关有权对下列哪些行为进行监督？（　　）

A. 国有金融机构的资产负债情况

B. 社会保障基金、社会捐赠资金等的财务收支

C. 国家的事业组织财务收支

D. 各项大型建设项目预算的执行情况和决算

[考 点] 审计机关的职责

94. 被审计单位转移、隐匿、篡改、毁弃会计凭证、会计账簿、财务会计报告以及其他与财政收支、财务收支有关的资料，或者转移、隐匿所持有的违反国家规定取得的资产的，审计机关可以采取下列哪些措施？（　　）

A. 直接封存被审计单位准备转移的有关资料和违反国家规定取得的资产

B. 冻结被审计单位在金融机构的涉案存款

C. 审计机关对上述行为直接负责的主管人员和其他直接责任人员提出给予处分的建议

D. 对上述违法行为有权予以制止

[考 点] 审计机关的权限

专题 22　土地权属法律制度

95. 关于对永久基本农田的保护，根据《土地管理法》的规定，下列哪一选项是正确的？（　　）

A. 某段高速公路（国家重点建设项目）的选址确实难以避让一块永久基本农田，相关的土地征收问题必须经当地省级人民政府批准

B. 县政府可以通过调整乡（镇）土地利用总体规划方式，将永久基本农田转为建设用地

C. 永久基本农田可以适度开展林果业和挖塘养鱼

D. 永久基本农田一旦划定，不得擅自更改

[考 点] 永久基本农田的保护

96. 关于土地的利用，下列哪些选项符合法律规定？（　　）

　　A. 某县政府设立一机构专门负责本县传染病防治的监督管理，但是县政府办公场所紧张，遂与该县某乡政府协商，将该乡某村村民集体所有的一块土地无偿划拨给该机构

　　B. 某省政府将一块国有土地无偿划拨给某空军部队用于营区建设

　　C. 某省政府将一块国有土地无偿划拨用于经营性墓地

　　D. 某省政府贯彻国家发展可再生能源的政策，为尽快解决本省电力不足的问题，将一块国有土地无偿划拨给某水电公司修建基础设施进行水电开发

　　E. 凤凰城别墅区通往县城的道路建设用地可以通过划拨方式取得

　　[考　点] 建设用地（划拨方式）

97. 2020年8月30日，北京正式公布首都功能核心区规划（2018~2035年）。核心区总面积约92.5平方公里，在城市空间结构上，规划以"两轴一城一环"作为首都功能核心区骨架，进一步明确了首都功能核心区的规模与结构。到2035年，核心区常住人口规模控制在170万人左右，地上建筑规模控制在1.19亿平方米左右。就该规划，下列哪些说法是正确的？（　　）

　　A. 该规划类型属于控制性详细规划

　　B. 该规划类型属于修建性详细规划

　　C. 该规划的制定要符合北京城市总体规划的发展目标和要求

　　D. 确有必要修改该规划，修改涉及城市总体规划的强制性内容时，应当先修改总体规划

　　[考　点] 城乡规划的种类（控制性规划）

98. 甲房地产开发公司在某市规划区内准备以出让方式取得一宗地块50年土地使用权，用于建造商品房住宅楼。请回答（1）~（3）题：

　　（1）关于甲公司取得该幅国有土地使用权的表述，下列哪些选项是正确的？（　　）

　　　　A. 基于"一城一策"，该市政府同意甲公司先销售商品房后缴纳土地出让金

　　　　B. 该市规划主管部门应当依据控制性详细规划，提出出让地块的位置、使用性质、开发强度等规划条件

　　　　C. 尚未确定开发强度等规划条件的地块，不得出让国有土地使用权

　　　　D. 甲公司拟将以出让方式取得的一块工业用地变更为住宅建设用地，应当先经规划主管部门同意

　　　　[考　点] 房地产开发用地（出让）；城乡规划的实施

　　（2）甲公司获得土地使用权满2年时，将该地块的使用权转让给了乙公司。对此，下列说法正确的是：（　　）

A. 甲公司转让土地使用权的，应当同时转让已建成的住宅楼
B. 乙公司改变原土地出让合同约定的土地用途的，必须取得规划部门的同意
C. 乙公司对受让的该土地使用权的使用年限为 48 年
D. 国家根据社会公共利益的需要，依照法律程序提前收回该土地使用权的，应当赔偿乙公司的损失

[考 点] 房地产交易

（3）乙公司受让该块土地使用权后继续建造和销售。关于商品房预售，下列说法正确的是：（ ）

A. 乙公司向该市房产管理部门办理预售登记，并取得商品房预售许可证明
B. 现查明，在与李某签订合同时，乙公司未取得商品房预售许可证明，则该商品房预售合同无效
C. 如乙公司在被起诉前取得商品房预售许可证明，可以认定和李某的商品房预售合同有效
D. 现查明，该商品房预售合同未办理登记备案手续，则该合同无效

[考 点] 商品房预售

99. 关于我国《不动产登记暂行条例》中规定的不动产登记种类和登记事项，下列哪些选项是正确的？（ ）

A. 不动产登记包括不动产首次登记、变更登记、转移登记、注销登记、更正登记、异议登记、预告登记、查封登记等
B. 土地承包经营权依照《农村土地承包法》之规定办理登记，不受《不动产登记暂行条例》规范
C. 当事人签订房屋买卖协议并向登记机构申请预告登记，未经权利人同意处分该房屋的，不发生物权效力
D. 属于国家所有的自然资源，其所有权可以不登记

[考 点] 不动产登记种类；登记事项

100. 关于不动产登记程序，下列哪些表述符合《不动产登记暂行条例》的规定？（ ）

A. 因买卖、设定抵押权等申请不动产登记的，应当由当事人双方共同申请
B. 继承、接受遗赠取得不动产权利的，可以由当事人单方申请
C. 不动产申请存在尚未解决的权属争议的，不动产登记机构应当不予登记
D. 对在建的建筑物办理抵押权登记的，不动产登记机构可以进行实地查看

[考 点] 不动产登记程序

答案及解析

72. [考点] 垄断行为的认定和处理

[答案] B

[解析] A选项错误。A公司为中心参与者（轴心），上游生产商为一般参与者（辐条），但A选项中缺乏所有生产商都知道其他生产商会参与这项计划的证据，也没有证据表明这些生产商本身积极参与了合谋。所以，不构成垄断行为。

B选项正确。经营者不得组织其他经营者达成垄断协议，或者为其他经营者达成垄断协议提供实质性帮助。B选项中，B平台为中心参与者（轴心），系统内旅行社为一般参与者（辐条）。因为群发邮件，可以推定所有旅行社已经参与到了一个默示的合谋协议当中，旅行社能预期到潜在的协同行为。B平台成了帮助协议达成的一方，构成垄断。（轴辅协议）

C选项错误，构成横向垄断协议。C公司等多家生产商是处于同一经营阶段的同业竞争者，它们达成的协议符合横向垄断协议的特征。

D选项错误。应当是"设区的市检察院"可以提起民事公益诉讼。

73. (1) [考点] 滥用市场支配地位（认定前提、主体）

[答案] AC

[解析] B选项错误。"市场支配地位≠大企业"，被推定具有市场支配地位的经营者，有证据证明不具有市场支配地位的，不应当认定其具有市场支配地位（《反垄断法》第24条第3款）。

D选项错误。《反垄断法》第60条第1款规定："经营者实施垄断行为，给他人造成损失的，依法承担民事责任。"根据该条款的规定可知，并不要求以"被反垄断执法机构认定构成垄断行为"为提起民事诉讼的前提条件。

(2) [考点] 滥用市场支配地位

[答案] B

[解析] B选项正确。本题A公司要求平台内商家"二选一"的行为，符合"没有正当理由，限定交易相对人只能与其进行交易或者只能与其指定的经营者进行交易"的行为。（《反垄断法》第22条第1款第4项）

C选项错误。《反垄断法》第22条第1款规定："禁止具有市场支配地位的经营者从事下列滥用市场支配地位的行为：……⑥没有正当理由，对条件相同的交易相对人在交易价格等交易条件上实行差别待遇；……"该类行为典型的如互联网平台、某互联网打车软件、某外卖平台软件"大数据杀熟",新客户有优惠价格低,但老客户同样的服务价格高。

D选项错误。《反垄断法》第22条第1款规定:"禁止具有市场支配地位的经营者从事下列滥用市场支配地位的行为:……⑤没有正当理由搭售商品,或者在交易时附加其他不合理的交易条件;……"如强制搭售附加保险或附加服务的行为,这和本题行为方式不符合。

74. [考点] 经营者集中

[答案] ACD

[解析] A选项错误,当选。错误原因是"5%以上"。构成经营者集中,但可以不向国务院反垄断执法机构申报的情形包括:①参与集中的一个经营者拥有其他每个经营者50%以上有表决权的股份或者资产的;②参与集中的每个经营者50%以上有表决权的股份或者资产被同一个未参与集中的经营者拥有的。(《反垄断法》第27条)A公司仅持有"5%"以上股份,未达到50%的股份,则甲、乙公司的集中应当事先申报。

B选项正确,不当选。对禁止或限制经营者集中的决定不服的,经营者的救济途径是"先复议,再诉讼"。(《反垄断法》第65条第1款)

C选项错误,当选。C选项错误原因是审查的内容单一,应当进行综合判断,审查的内容还应包括参与集中的经营者对市场的控制力,经营者集中对市场进入、技术进步的影响,相关市场的市场集中度等。(《反垄断法》第33条)

D选项错误,当选。对经营者集中进行审查,主要包括两方面内容:①参与集中的经营者的情况;②该集中对市场、对消费者的影响。(《反垄断法》第33条)因此,并不包括对其股东情况的审查。

75. [考点] 不正当竞争行为(混淆行为)

[答案] ACD

[解析] 混淆行为,是指经营者实施的引人误认为是他人商品或者与他人存在特定联系的行为。

A选项当选。擅自使用有一定影响的市场主体的名称(包括简称、字号等)引人误认的,构成混淆行为。

B选项不当选。乙的行为不构成"强制进行目标跳转"。《反不正当竞争法解释》第21条第2款规定:"仅插入链接,目标跳转由用户触发的,人民法院应当综合考虑插入链接的具体方式、是否具有合理理由以及对用户利益和其他经营者利益的影响等因素,认定该行为是否违反反不正当竞争法第12条第2款第1项的规定。"

C 选项当选。擅自使用与他人有一定影响的"装潢",构成混淆。"装潢",是指由经营者营业场所的装饰、营业用具的式样、营业人员的服饰等构成的具有独特风格的整体营业形象。(《反不正当竞争法解释》第 8 条)

D 选项当选。经营者擅自使用与他人有一定影响的姓名(包括笔名、艺名、译名等),引人误认为是他人商品或者与他人存在特定联系,包括误认为与他人具有商业联合、许可使用、商业冠名、广告代言等特定联系的,构成混淆。(《反不正当竞争法解释》第 11 条、第 12 条第 2 款)

76.

(1) [考点] 消费者权利和经营者义务(无理由退货)

[答案] ABCD

[解析] A、B、C、D 选项均当选。《消费者权益保护法实施条例》第 19 条第 2、3 款规定:"经营者应当以显著方式对不适用无理由退货的商品进行标注,提示消费者在购买时进行确认,不得将不适用无理由退货作为消费者默认同意的选项。未经消费者确认,经营者不得拒绝无理由退货。消费者退货的商品应当完好。消费者基于查验需要打开商品包装,或者为确认商品的品质和功能进行合理调试而不影响商品原有品质、功能和外观的,经营者应当予以退货。"

(2) [考点] 消费者权利和经营者义务(无理由退货)

[答案] BCD

[解析]《消费者权益保护法》第 25 条第 1、2 款规定:"经营者采用网络、电视、电话、邮购等方式销售商品,消费者有权自收到商品之日起 7 日内退货,且无需说明理由,但下列商品除外:①消费者定作的;②鲜活易腐的;③在线下载或者消费者拆封的音像制品、计算机软件等数字化商品;④交付的报纸、期刊。除前款所列商品外,其他根据商品性质并经消费者在购买时确认不宜退货的商品,不适用无理由退货。"

A 选项不当选,可退货。服装不属于"根据商品性质不适用无理由退货"的特殊商品。

B 选项当选,不可无理由退货。属于"在线下载的数字化商品",不适用无理由退货。

C 选项当选,不可无理由退货。消费者在购买盲盒"福袋"时已明确知晓规则,且涉案商品具有特殊性质,因为盲盒商品在内容被知晓的情况下,其商品价值已实现,此时要求盲盒经营者接受无理由退货,必然会影响盲盒销售的常规状态。

D 选项当选,不可无理由退货。演出门票是记载了演出名称、时间、地点等内容的观演凭证,消费者在下单前,通过网络描述即可了解到该门票所记载的所有重要信息，不会因为购买在前、收取门票在后而影响对演出信息的认知。因此，消费者不能以系网络方式购买为由要求票务网退回全部票款。另一原因是，演出门票具有时效性、专有性和有限性的特征，一旦购买就产生"锁定座位，不再流通"的事实，随意退票势必影响后续销售，干扰市场正常发展。

77. (1) [考点] 消费者权利和经营者义务（直播营销）

[答案] AB

[解析] A选项正确。直播营销平台经营者应当建立健全消费者权益保护制度，明确消费争议解决机制。发生消费争议的，直播营销平台经营者应当根据消费者的要求提供直播间运营者、直播营销人员相关信息以及相关经营活动记录等必要信息。（《消费者权益保护法实施条例》第14条第2款）

B选项正确。本题直播间发布的商品内容构成商业广告，直播间运营者和直播营销人员应当履行广告发布者、广告经营者或者广告代言人的义务。《消费者权益保护法》第45条第1款规定："广告经营者、发布者不能提供经营者的真实名称、地址和有效联系方式的，应当承担赔偿责任。"可知B选项正确。

C选项错误。A品牌抗癌化妆品构成欺诈，可以主张"增加赔偿的金额为消费者购买商品的价款费用的3倍"；但B品牌玉石首饰难以认定构成欺诈，可主张对其责令改正，根据情节单处或者并处警告、没收违法所得、罚款等行政措施，但不可主张"退一赔三"的惩罚性赔偿。（《消费者权益保护法》第55条第1款规定："经营者提供商品或者服务有欺诈行为的，应当按照消费者的要求增加赔偿其受到的损失，增加赔偿的金额为消费者购买商品的价款或者接受服务的费用的3倍；增加赔偿的金额不足500元的，为500元。法律另有规定的，依照其规定。"）

D选项错误。《消费者权益保护法实施条例》第15条规定，经营者不得通过虚假或者引人误解的宣传，虚构或者夸大商品或者服务的治疗、保健、养生等功效，诱导老年人等消费者购买明显不符合其实际需求的商品或者服务。对该行为，《消费者权益保护法》第56条第1款规定了法律责任：责令改正，可以根据情节单处或者并处警告、没收违法所得、处以违法所得1倍以上10倍以下的罚款，没有违法所得的，处以50万元以下的罚款；情节严重的，责令停业整顿、吊销营业执照。

(2) [考点] 消费者权利和经营者义务（退货）

[答案] D

[解析] 根据《消费者权益保护法实施条例》第18条的规定：

AB选项错误，退货有效期应于8月10日截止。退货、更换、修理的有效期限自交付商品或者提供服务完结之日起计算；需要另行安装的，自商品安装完成之日起计算。

C 选项错误，错在"分次退清"。退货应当按照发票等购货凭证上显示的价格一次性退清相关款项。

D 选项正确。经营者能够证明消费者实际支付的价格与发票等购货凭证上显示的价格不一致的，按照消费者实际支付的价格退清相关款项。

(3) [考点]消费者权利和经营者义务（预付款）

[答案]BD

[解析]预付款纠纷规定在《消费者权益保护法》第53条、《消费者权益保护法实施条例》第22条中。

A 选项不当选，不得口头约定。《消费者权益保护法实施条例》第22条第1款规定："经营者以收取预付款方式提供商品或者服务的，应当与消费者订立书面合同，约定商品或者服务的具体内容、价款或者费用、预付款退还方式、违约责任等事项。"

B 选项当选。经营者收取预付款后，应当按照与消费者的约定提供商品或者服务，不得降低商品或者服务质量，不得任意加价。经营者未按照约定提供商品或者服务的，应当按照消费者的要求履行约定或者退还预付款。（《消费者权益保护法实施条例》第22条第2款）

C 选项不当选。经营者决定停业或者迁移服务场所的，应当提前告知消费者……消费者依照国家有关规定或者合同约定，有权要求经营者继续履行提供商品或者服务的义务，或者要求退还未消费的预付款余额。（《消费者权益保护法实施条例》第22条第3款）

D 选项当选。经营者以预收款方式提供商品或者服务的，应当按照约定提供。未按照约定提供的，应当按照消费者的要求履行约定或者退回预付款；并应当承担预付款的利息、消费者必须支付的合理费用。（《消费者权益保护法》第53条）

78. [考点]消费者权利和经营者义务

[答案]ABCD

[解析]《消费者权益保护法实施条例》第23条规定："经营者应当依法保护消费者的个人信息。经营者在提供商品或者服务时，不得过度收集消费者个人信息，不得采用一次概括授权、默认授权等方式，强制或者变相强制消费者同意收集、使用与经营活动无直接关系的个人信息。经营者处理包含消费者的生物识别、宗教信仰、特定身份、医疗健康、金融账户、行踪轨迹等信息以及不满14周岁未成年人的个人信息等敏感个人信息的，应当符合有关法律、行政法规的规定。"

A 选项当选。该行为属于强制或者变相强制消费者同意收集、使用与经营活动无直接关系的个人信息。

B 选项当选。经营者在提供商品或者服务时，不得采用一次概括授权、默认授权等方式，收集、使用与经营活动无直接关系的个人信息。

C 选项当选。将"个性化展示"与"用户协议"捆绑，损害了消费者的自主选择权。

D 选项当选。丁电商购物平台未明示信息处理的目的、方式、范围，将合法收集的消费者个人信息向其他主体披露，侵害了消费者的知情权、个人信息保护权。

79. [考点] 欺诈的认定

[答案] C

[解析] C 选项正确，A、B、D 选项错误。本案是否存在隐瞒车辆相关信息的主观故意是判断是否构成"欺诈"的关键。本案经销商并不存在"刻意隐瞒"信息的明显意图，并且该瑕疵未影响到购车者缔约的根本目的。

[类似案例（最高人民法院指导案例第17号）：合力华通公司提交的有张莉签名的车辆交接验收单，因系合力华通公司单方保存，且备注一栏内容由该公司不同人员书写，加之张莉对此不予认可，该验收单不足以证明张莉对车辆以前维修过有所了解。所以，该指导案例认定为"欺诈"。请大家注意两案案情有明显差异。]

80. [考点] 食品安全标准

[答案] ABCDE

[解析] A、B 选项错误，当选。对没有食品安全国家标准的地方特色食品，可以制定食品安全地方标准。但是当相应的食品安全国家标准制定后，该地方标准即行废止。

C 选项错误，当选。错在"独立制定并提供"。食品安全国家标准由国务院卫生行政部门会同国务院食品安全监督管理部门制定、公布，国务院标准化行政部门提供国家标准编号。(《食品安全法》第27条第1款)

D 选项错误，当选。错在"监测方案"，应当是"评估结果"是制定、修订食品安全标准和实施食品安全监督管理的科学依据（《食品安全法》第21条第1款）。

E 选项错误，当选。错在食品安全地方标准的备案，应该是向"国务院卫生行政部门"备案，而非"同级人民政府"。(《食品安全法》第29条规定："对地方特色食品，没有食品安全国家标准的，省、自治区、直辖市人民政府卫生行政部门可以制定并公布食品安全地方标准，报国务院卫生行政部门备案。食品安全国家标准制定后，该地方标准即行废止。")

81. (1) [考点] 违反食品安全的法律责任

[答案] ABDE

[解析] C选项正确，不当选；A、B选项错误，当选。在食品、药品领域，消费者即使明知商品为假冒伪劣仍然购买，并以此诉讼索赔时，人民法院不能以其知假买假为由不予支持。这是特殊背景下的特殊政策考量。

D选项错误，当选。超市作为食品销售者，应当按照保障食品安全的要求储存食品，及时检查待售食品，清理超过保质期的食品。该超市销售货架上"超过保质期"的食品，可认定超市未履行法定义务。

E选项错误，当选。违反食品安全标准，应当适用10倍的惩罚性赔偿。

（类似案例：重庆的王女士自2017年开始经营A土特产经营部并取得了食品经营许可证，许可内容为预包装食品销售、散装食品销售。2022年4月，客户张三先下单3份，收到货后表示"好吃"，又从网上购买了150份真空包装扣碗熟肉，共计4500元。后张三因该批包装没有标注产品相关信息，将王女士告上法庭并高额索赔。经查，王女士销售的该批食品符合质量标准，张三是职业打假人并有多次索赔记录。最终二审判决王女士给予张三10倍赔偿，共约5万元。该案和本题类似，因为即使对方是"职业打假者"，但涉及食品安全的重大问题，仍然可以要求10倍惩罚性索赔。）

(2) [考点] 违反食品安全标准的法律责任

[答案] ABC

[解析] A、B选项正确。标签、标志、说明书是我国食品安全标准中的内容。外包装成分标识不符合国家强制性标准的产品，违反了《食品安全法》的规定，故可退货。（《食品安全法》第26条第4项、第67条第1款第2项）

C选项正确，D选项错误。10倍惩罚性赔偿并不适用于标签标识轻微瑕疵的食品。（《食品安全法》第148条第2款）

E选项错误。葡萄酒并非由于甲超市的原因造成不符合食品安全标准，所以甲超市（食品经营者）没有召回的义务。

（类似案例：李某购得苦茶一批，发现其备案标准并非苦茶的标准，且保质期仅为9个月，但产品包装上显示为18个月。此可适用10倍惩罚性赔偿，因为该瑕疵"会对消费者造成误导"。）

82. [考点] 婴幼儿食品

[答案] BC

[解析] A选项不当选。应当是"逐批检验"，不能进行批次抽检。参见《食品安全法》第81条第1款的规定："婴幼儿配方食品生产企业应当实施从原料进厂到成品出厂的全过程质量控制，对出厂的婴幼儿配方食品实施逐批检验，保证食品安全。"

B、C 选项当选。《食品安全法》第 81 条第 3、4 款规定，婴幼儿配方食品生产企业应当将食品原料、食品添加剂、产品配方及标签等事项向省、自治区、直辖市人民政府食品安全监督管理部门备案。婴幼儿配方乳粉的产品配方应当经国务院食品安全监督管理部门注册。注册时，应当提交配方研发报告和其他表明配方科学性、安全性的材料。

D 选项不当选。《食品安全法》第 81 条第 5 款规定，不得以分装方式生产婴幼儿配方乳粉，同一企业不得用同一配方生产不同品牌的婴幼儿配方乳粉。

83. [考 点] 对保健食品的监管、民事责任

[答 案] A

[解 析] B 选项错误，错在"市、县设立的消费者协会"。对侵害众多消费者合法权益的行为，中国消费者协会以及在省、自治区、直辖市设立的消费者协会，可以向法院提起诉讼。(《消费者权益保护法》第 47 条)

C 选项错误。根据《食品安全法》第 140 条的规定，当地负责监督的食品安全监督管理部门作为行政监督主管部门，并不对虚假保健食品广告承担民事赔偿责任。

D 选项错误，错在"省级"。保健食品原料目录和允许保健食品声称的保健功能目录，由国务院食品安全监督管理部门会同国务院卫生行政部门、国家中医药管理部门制定、调整并公布。(《食品安全法》第 75 条第 2 款)

E 选项错误，错在"备案"，应当是"注册"。《食品安全法》第 76 条第 1 款规定："使用保健食品原料目录以外原料的保健食品和首次进口的保健食品应当经国务院食品安全监督管理部门注册。……"

84. [考 点] 商业银行贷款规则

[答 案] D

[解 析] A 选项错误，错在"由中国人民银行责令改正"，正确表述应是"由国家金融监督管理机构责令改正"。

B 选项错误，错在"贷款合同无效"。虽然向关系人发放担保贷款的条件优于其他借款人同类贷款条件属于违反《商业银行法》的行为，但银行和第三人签订的贷款合同是有效合同。

C 选项错误。"与商业银行有业务往来的客户企业的董事、监事和高级管理人员"并不是银行的关系人。参见《商业银行法》第 40 条第 2 款的规定："前款所称关系人是指：①商业银行的董事、监事、管理人员、信贷业务人员及其近亲属；②前项所列人员投资或者担任高级管理职务的公司、企业和其他经济组织。"

85. [考点] 商业银行贷款规则

[答案] AD

[解析] B 选项错误。经商业银行审查、评估，确认借款人资信良好，确能偿还贷款的，可以不提供担保。(《商业银行法》第 36 条第 2 款)

C 选项错误，错在审查借款人"父母工作"情况。商业银行贷款，应当对借款人的借款用途、偿还能力、还款方式等情况进行严格审查。(《商业银行法》第 35 条第 1 款) 这说明审查对象是"借款人"，并且审查内容是和借款相关的情况。

E 选项错误。"银行业金融机构的设立、变更、终止以及业务范围"均是由国家金融监督管理机构批准，所以"金融许可证"是由国家金融监督管理总局颁发与吊销，而非国家市场监督管理总局。

86. [考点] 商业银行业务规则

[答案] ACD

[解析] B 选项错误。《商业银行法》第 46 条第 1 款规定，禁止利用拆入资金发放固定资产贷款或者用于投资。

87. [考点] 违反审慎经营规则及其处理

[答案] CD

[解析] A 选项错误。应当由国家金融监督管理机构责令改正。

B 选项错误，错在"包头市"。只有国家金融监督管理机构或者其省一级派出机构才有权责令违反审慎经营规则的银行限期改正。(《银行业监督管理法》第 37 条第 1 款)

C 选项正确。根据《银行业监督管理法》第 37 条第 1 款第 1 项的规定，包商银行违反了审慎经营规则，且损害了存款人和其他客户的合法权益，可责令其暂停部分业务、停止批准开办新业务。

D 选项正确。商业银行已经或者可能发生信用危机，严重影响存款人的利益时，国家金融监督管理机构可以对该银行实行接管。(《商业银行法》第 64 条第 1 款)

E 选项错误。应当"申请法院"予以冻结。

88. [考点] 个人所得税的征缴

[答案] C

[解析] A 选项错误。区分"居民纳税人"与"非居民纳税人"的标准不是国籍，而是根据"住所+居住时间"判断。(《个人所得税法》第 1 条第 1、2 款)

B 选项错误。根据超额累进税率表，全年应纳税所得额不超过 36 000 元的，其超额累进税率为3%。

C选项正确。《个人所得税法》第4条第1款规定:"下列各项个人所得,免征个人所得税:①省级人民政府、国务院部委和中国人民解放军军以上单位,以及外国组织、国际组织颁发的科学、教育、技术、文化、卫生、体育、环境保护等方面的奖金;……"

D选项错误。汤姆在一个纳税年度内(2019年1月1日~2019年12月31日)在中国境内居住累计满183天,为居民个人。他从中国境内和境外取得的所得,依我国税法均要缴纳个人所得税。(《个人所得税法》第1条第1款)

89. [考点] (个税)纳税调整

[答案] AD

[解析] A选项当选。个人与其关联方之间的业务往来不符合独立交易原则而减少本人或者其关联方应纳税额,且无正当理由的,税务机关有权按照合理方法进行纳税调整。(《个人所得税法》第8条第1款第1项)

B选项不当选。《个人所得税法》第13条第5款规定:"纳税人因移居境外注销中国户籍的,应当在注销中国户籍前办理税款清算。"所以,李某因移民需要注销中国户籍,是办理税款清算,而不是"税收调整"。

C选项不当选。赵某适用税款抵免,而非"税收调整"。(《个人所得税法》第7条规定:"居民个人从中国境外取得的所得,可以从其应纳税额中抵免已在境外缴纳的个人所得税税额……")

D选项当选。居民个人控制的,或者居民个人和居民企业共同控制的设立在实际税负明显偏低的国家(地区)的企业,无合理经营需要,对应当归属于居民个人的利润不作分配或者减少分配的,税务机关有权按照合理方法进行纳税调整。(《个人所得税法》第8条第1款第2项)

90. (1) [考点] 企业所得税(税收优惠)

[答案] AB

[解析] B选项当选,C选项不当选。"加计扣除"包括两种情况:①开发新技术、新产品、新工艺发生的研究开发费用;②安置残疾人员及国家鼓励安置的其他就业人员所支付的工资。但C选项是"购置无障碍设备费用",并非"工资"。

D选项不当选。国家对重点扶持和鼓励发展的产业和项目,给予企业所得税优惠。(《企业所得税法》第25条)D选项已经告知"非国家重点扶持和鼓励",当然没有"按投资额抵扣"的企业所得税税收优惠。

(2) [考点] 企业所得税（支出）

[答案] AC

[解析] A选项正确。企业实际发生的与取得收入有关的、合理的支出，包括成本、费用、税金、损失和其他支出，准予在计算应纳税所得额时扣除。而税收滞纳金和罚款并非企业的合理支出，不得在税前扣除。(《企业所得税法》第8、10条)

B选项错误。"向投资者支付的股息、红利等权益性投资收益款项"是尚未发生的、尚不确定的支出，不得在税前扣除。(《企业所得税法》第10条第1项)

C选项正确。可税前扣除的"税金"，是指企业发生的，除企业所得税和允许抵扣的增值税以外的，企业实际缴纳的税金及附加。C选项"实际缴纳的车船税"，可以在计算企业所得税时先扣除。

D选项错误。"企业所得税税款"需要在计算出应纳税所得额后才能确定，所以该笔税款支出是尚未发生的、尚未确定的支出，不得在税前扣除。(《企业所得税法》第10条第2项)

(3) [考点] 税法的基本原则

[答案] C

[解析] A选项错误。合同解除会在合同当事人之间产生返还、违约金等后果，但税收征收管理体现的是"国家-纳税人"之间的关系，税收的征收管理应遵循税收法定原则，征税和退税均要依照法律规定执行。本题不符合法定退税事由（如出口退税），不得主张退税。

B选项错误。"实质课税原则"，是指对于一项税法规范是否适用于某一情况，除考虑是否符合税法规定的税收要素外，还应根据是否有利于经济发展来决定是否征税。

C选项正确。理由见A选项解析。

D选项错误。"禁止溯及课税原则"，是指新颁布实施的税收实体法仅对其生效后发生的应税事实或税收法律行为产生效力，而不对其生效之前发生的应税事实或税收法律行为溯及课税。

91. [考点] 车船税

[答案] BCD

[解析]《车船税法》第3条规定："下列车船免征车船税：①捕捞、养殖渔船；②军队、武装警察部队专用的车船；③警用车船；④悬挂应急救援专用号牌的国家综合性消防救援车辆和国家综合性消防救援专用船舶；⑤依照法律规定应当予以免税的外国驻华使领馆、国际组织驻华代表机构及其有关人员的车船。"（军警消外渔）

A选项错误。"农用车"并非法定减免对象，只有捕捞、养殖"渔船"是法定减免对象。

B选项正确。悬挂应急救援专用号牌的国家综合性消防救援车船是2019年《车船税法》新增的一种法定免除车船税类型。

C选项正确。《车船税法》第6条规定："从事机动车第三者责任强制保险业务的保险机构为机动车车船税的扣缴义务人，应当在收取保险费时依法代收车船税，并出具代收税款凭证。"

D选项正确。《车船税法》第4条规定："对节约能源、使用新能源的车船可以减征或者免征车船税；……"

92. (1) [考点]税款征收的措施（核定应纳税额）

[答案] BC

[解析] A选项不当选。错在"全国同类"，应是"当地同类行业"。

B、C选项当选。税务机关核定纳税人应纳税额的方法包括：①参照当地同类行业或者类似行业中经营规模和收入水平相近的纳税人的税负水平核定；②按照营业收入或者成本加合理的费用和利润的方法核定；③按照耗用的原材料、燃料、动力等推算或者测算核定；④按照其他合理方法核定。采用上述所列一种方法不足以正确核定应纳税额时，可以同时采用2种以上的方法核定。（《税收征收管理法实施细则》第47条第1、2款）

D选项不当选。"上年度投入宣传的广告费用"难以准确反映公司的收入水平，不能作为核定其应纳税额的依据。

(2) [考点]税款征收的措施（税收保全、代位权、优先权）

[答案] ABC

[解析] A选项错误，当选。2023年8月尚未到缴税期限，不符合对萱草公司采取税收强制执行措施的前提。

B选项错误，当选。抵押权的设定发生在纳税人欠缴的税款之前，所以应当先执行抵押权，后清偿税款。（《税收征收管理法》第45条第1款）

C选项错误，当选；D选项正确，不当选。税务机关应当是向法院请求以自己的名义代位行使债务人的债权或撤销权，而不能直接向债务人行使代位权或撤销权。（《税收征收管理法》第50条第1款）

93. [考点]审计机关的职责

[答案] AC

[解析] B 选项不当选。审计机关仅对"政府部门管理的和其他单位受政府委托管理的"社保基金、社会捐赠资金等的财务收支,进行审计监督。(《审计法》第 24 条第 2 款)

D 选项不当选。对建设项目的审计监督是有限定对象的,即:①政府投资和以政府投资为主的建设项目的预算执行情况和决算;②其他关系国家利益和公共利益的重大公共工程项目的资金管理使用和建设运营情况。(《审计法》第 23 条)

94. [考点] 审计机关的权限

[答案] CD

[解析] A 选项不当选,错在"直接"。《审计法》第 38 条第 2 款规定:"审计机关对被审计单位违反前款规定的行为,有权予以制止;必要时,经县级以上人民政府审计机关负责人批准,有权封存有关资料和违反国家规定取得的资产;……"

B 选项不当选。《审计法》第 38 条第 2 款规定:"……对其中在金融机构的有关存款需要予以冻结的,应当向人民法院提出申请。"

95. [考点] 永久基本农田的保护

[答案] D

[解析] A 选项错误,应当是"经国务院批准"。《土地管理法》第 35 条第 1 款规定:"永久基本农田经依法划定后,任何单位和个人不得擅自占用或者改变其用途。国家能源、交通、水利、军事设施等重点建设项目选址确实难以避让永久基本农田,涉及农用地转用或者土地征收的,必须经国务院批准。"

B 选项错误,D 选项正确。禁止通过擅自调整县级土地利用总体规划、乡(镇)土地利用总体规划等方式规避永久基本农田农用地转用或者土地征收的审批。(《土地管理法》第 35 条第 2 款)

C 选项错误。禁止占用永久基本农田发展林果业和挖塘养鱼。(《土地管理法》第 37 条第 3 款)

96. [考点] 建设用地(划拨方式)

[答案] BD

[解析] 《城市房地产管理法》第 24 条规定:"下列建设用地的土地使用权,确属必需的,可以由县级以上人民政府依法批准划拨:①国家机关用地和军事用地;②城市基础设施用地和公益事业用地;③国家重点扶持的能源、交通、水利等项目用地;④法律、行政法规规定的其他用地。"

A 选项不当选。某村村民集体所有的土地性质上是集体土地,并非国有土地,所以该块土地不能采取划拨方式。

C 选项不当选。"经营性墓地"属于商业用地，不符合上述《城市房地产管理法》第 24 条规定的划拨地范围。

E 选项错误。别墅区通往县城的道路建设用地并不属于城市基础设施用地，也不属于国家重点扶持的交通基础设施用地，因此不能划拨取得。

97. [考点] 城乡规划的种类（控制性规划）

[答案] ACD

[解析] A 选项正确，B 选项错误。控制性规划，一般是指确定建设地区的土地使用性质、使用强度等控制指标、道路和工程管线控制性位置以及空间环境控制的规划。根据该定义，首都功能核心区规划属于控制性规划。

C 选项正确。城市人民政府城乡规划主管部门根据城市总体规划的要求，组织编制城市的控制性详细规划，经本级人民政府批准后，报本级人民代表大会常务委员会和上一级人民政府备案。（《城乡规划法》第 19 条）

D 选项正确。控制性详细规划修改涉及城市总体规划、镇总体规划的强制性内容的，应当先修改总体规划。（《城乡规划法》第 48 条第 1 款）

98. (1) [考点] 房地产开发用地（出让）；城乡规划的实施

[答案] BCD

[解析] A 选项错误。正确做法是"缴纳土地使用权出让金等土地有偿使用费和其他费用后，方可使用土地"（《土地管理法》第 55 条第 1 款），而不能"先取得土地—建造商品房销售—再补缴出让金"。

B、C 选项正确。《城乡规划法》第 38 条第 1 款规定："……国有土地使用权出让前……提出出让地块的位置、使用性质、开发强度等规划条件……未确定规划条件的地块，不得出让国有土地使用权。"

D 选项正确。《土地管理法》第 56 条规定："建设单位……确需改变该幅土地建设用途的，应当经有关人民政府自然资源主管部门同意，报原批准用地的人民政府批准。其中，在城市规划区内改变土地用途的，在报批前，应当先经有关城市规划行政主管部门同意。"

(2) [考点] 房地产交易

[答案] ABC

[解析] C 选项正确。以出让方式取得土地使用权的，转让房地产后，其土地使用权的使用年限为原土地使用权出让合同约定的使用年限减去原土地使用者已经使用年限后的剩余年限。（《城市房地产管理法》第 43 条）甲公司已使用该土地 2 年，转让后，乙

公司对该土地的使用年限为48年。

D选项错误，错在"赔偿"。在特殊情况下，根据社会公共利益的需要，可以依照法律程序提前收回土地使用者依法取得的土地使用权，并根据土地使用者使用土地的实际年限和开发土地的实际情况给予相应的补偿。(《城市房地产管理法》第20条)

(3) [考 点] 商品房预售

[答 案] ABC

[解 析] D选项不当选。未办理登记备案手续，不得对抗善意第三人，但合同有效。

99. [考 点] 不动产登记种类；登记事项

[答 案] ACD

[解 析] A选项正确。《不动产登记暂行条例》第3条规定："不动产首次登记、变更登记、转移登记、注销登记、更正登记、异议登记、预告登记、查封登记等，适用本条例。"

B选项错误。《不动产登记暂行条例》第5条规定："下列不动产权利，依照本条例的规定办理登记：……④耕地、林地、草地等土地承包经营权；……"可见，土地承包经营权登记亦受到《不动产登记暂行条例》规范。

100. [考 点] 不动产登记程序

[答 案] ABCD

[解 析] A、B选项当选。我国不动产登记以当事人双方共同申请为原则，但在继承、接受遗赠取得不动产权利等情况下，可由当事人单方申请。(《不动产登记暂行条例》第14条)

C选项当选。登记申请有下列情形之一的，不动产登记机构应当不予登记，并书面告知申请人：①违反法律、行政法规规定的；②存在尚未解决的权属争议的；③申请登记的不动产权利超过规定期限的；④法律、行政法规规定不予登记的其他情形。(《不动产登记暂行条例》第22条)

D选项当选。属于下列情形之一的，不动产登记机构可以对申请登记的不动产进行实地查看：①房屋等建筑物、构筑物所有权首次登记；②在建建筑物抵押权登记；③因不动产灭失导致的注销登记；④不动产登记机构认为需要实地查看的其他情形。(《不动产登记暂行条例》第19条第1款)

第13讲 环境资源法

专题 23 环境保护法律制度

101. 千丈岩水库位于 A 省,是 A 省的一级饮用水水源保护区。甲选矿厂位于相邻的 B 省,但距千丈岩水库直线距离仅约 2.6 公里。该地区属喀斯特地貌山区,地下裂缝纵横,暗河较多。甲选矿厂的环境影响评价报告书仅考虑对本省环境的影响,未涉及千丈岩水库。现甲选矿厂试运行期间产生的废水、尾矿未经处理就排入临近有溶洞漏斗发育的自然洼地,导致千丈岩水库饮用水源被污染。就甲选矿厂的环境影响评价,下列说法正确的是:(   )

A. 若 A 省和 B 省对甲选矿厂建设项目的环境影响评价结论提出异议,应当交由国务院生态环境主管部门审批

B. 因造成水库重大污染,甲选矿厂应当重新对项目进行环境影响评价并履行法定审批手续

C. 因造成水库重大污染,甲选矿厂的环境影响评价文件应当报原审批部门重新审核

D. 因甲选矿厂建设项目运行过程中造成水库重大污染,原环境影响评价文件审批部门可以责成甲选矿厂进行环境影响的后评价,采取改进措施

[考点] 环境影响评价(后评价、再评价)

102. 根据《环境保护法》的规定,下列判断不符合法律规定的是:(   )

A. 省级人民政府环境保护主管部门对国家环境质量标准中未作规定的项目,可以制定地方环境质量标准

B. 地方污染物排放标准应当报国务院环境保护主管部门备案

C. 对国家污染物排放标准中未作规定的项目可以制定地方污染物排放标准,当国家标准制定出来后该地方标准应当废止

D. 国家重点污染物排放总量控制指标由国务院生态环境部下达,省级环保部门分解落实

[考点] 环境保护制度(环境标准)

103. 对超过国家重点污染物排放总量控制指标的地区或者企业采取的措施中，下列哪一选项符合法律的规定？（　　）

   A. 若该地区超过国家重点污染物排放总量控制指标，省级以上人民政府环境保护主管部门应当减缓审批其新增重点污染物排放总量的建设项目环境影响评价文件

   B. 若该地区超过国家重点污染物排放总量控制指标，省级以上人民政府应当暂停审批其新增重点污染物排放总量的建设项目环境影响评价文件

   C. 若甲企业超过重点污染物排放总量控制指标排放污染物，该县环境保护主管部门可以对其采取停产整治措施

   D. 上述甲企业的行为情节严重的，该县环境保护主管部门有权责令其停业、关闭

   [考点] 环境保护制度（重点污染物排放总量控制）

104. 萱草置地公司开发建设的购物中心与李某住宅相隔一条马路，之间无其他遮挡物。在正对李某住宅的购物中心外墙上安装有一块面积为 160m² 的 LED 显示屏，每天播放宣传资料及视频广告等，其产生强光直射入住宅房间，光线极强且频繁闪动，给李某的正常生活造成影响。李某欲起诉萱草公司侵权。请回答（1）（2）题：

   (1) 关于萱草公司是否构成侵权，下列哪些说法是正确的？（　　）

   A. 我国尚无光污染损害的相应标准，无法认定萱草公司构成环境污染

   B. 本案 LED 显示屏所产生的强光超出了一般公众普遍可容忍的范围，其行为已构成污染环境

   C. 本案无法用精确的计量来反映损害后果，萱草公司可主张不承担侵权责任

   D. 只要侵权行为人实施了污染环境的行为，即使未出现损害后果也应承担侵权责任

   [考点] 环境侵权民事责任

   (2) 若萱草公司构成环境侵权，下列哪些说法是正确的？（　　）

   A. 萱草公司应当就其播放视频行为与李某损害之间不存在因果关系承担举证责任

   B. 萱草公司应当就其播放视频行为与李某损害之间的关联性承担举证责任

   C. 李某要求萱草公司停止侵害的诉讼时效期间为 3 年，自知道或者应当知道其受到损害时起计算

   D. 李某提起环境损害赔偿诉讼的时效期间为 3 年，自知道或者应当知道其受到损害时起计算

   [考点] 环境侵权诉讼

105. 甲化工厂向周围一条小河排放废液，造成河流附近农户的稻田减产。经调查发现甲

化工厂擅自拆除防治污染设施是事故的主要原因。环保局决定对甲厂采取"按日连续处罚"措施，下列说法正确的是：（　　）

A. 只要甲厂违法排放污染物，环保局就可以按照原处罚数额按日连续处罚

B. 只要甲厂按时缴纳了罚款金额，环保局不可以对其再采取按日连续处罚措施

C. 罚款金额按照防治污染设施的运行成本、直接损失或者违法所得等因素确定

D. 地方性法规可以根据环境保护的实际需要，增加按日连续处罚的违法行为的种类

[考点] 环境侵权行政责任（按日处罚规则）

106. 国家对公益林和商品林实行分类经营管理。关于我国公益林保护制度，下列哪一表述是正确的？（　　）

A. 国家只将森林生态区位重要的林地和林地上的森林划分为公益林

B. 荒漠化和水土流失严重地区的防风固沙林基干林带，应当划定为公益林

C. 以生产工业原料和药材等林产品为主要目的的森林应当划入公益林

D. 公益林的主要目的是发挥生态效益，禁止利用公益林林地资源和森林景观资源开展森林旅游项目

[考点] 公益林的保护

107. 根据《森林法》中关于国家加强保护森林资源的措施，下列哪一说法是正确的？（　　）

A. 国家指令受益地区和森林生态保护地区政府通过协商等方式进行生态效益补偿

B. 安排财政资金用于商品林的营造、抚育、保护、管理和经济补偿等用途

C. 临时使用林地有期限限制，并不得在临时使用的林地上修建永久性建筑物

D. 临时使用林地期满后2年内，用地单位或者个人应当恢复植被和林业生产条件

[考点] 森林保护措施

108. 根据《矿产资源法》的规定，下列哪些说法是正确的？（　　）

A. 甲公司拥有A煤矿的采矿权，其与萱草公司签订《股权转让合同》，转让甲公司全部股权和全部资产，包括转让采矿许可内容。该合同名为股权转让，实为非法倒卖采矿权牟利

B. 乙公司在完成一处铜矿最低勘查投入后与萱草公司签订探矿权转让协议，该转让协议因未经主管部门批准而无效

C. 丙公司承建京港铁路，必须事先了解所在地区的矿产资源分布和开采情况

D. 丁公司不得在距离铁路干线1公里处开采矿产资源

E. 地表矿产资源的国家所有权随其所依附的土地所有权不同而改变

[考点] 矿产资源的开采和保护（个人开采）

答案及解析

101. 【考点】环境影响评价（后评价、再评价）

【答案】AB

【解析】A 选项正确。甲选矿厂这一建设项目可能造成对相邻 A 省的不良环境影响，有关生态环境主管部门对该项目的环境影响评价结论有争议的，其环境影响评价文件由共同的上一级生态环境主管部门审批。（《环境影响评价法》第23条第3款）

B 选项正确。甲选矿厂的环境影响评价文件经批准后，发现该建设项目在进行可行性论证时没有考虑到特殊地形以及邻省水库，也就是防止生态破坏的措施将发生重大变动，此时，建设单位应当重新报批建设项目的环境影响评价文件。（《环境影响评价法》第24条第1款）

C 选项错误，错在"重新审核"。正确做法是"重新报批"。不要混淆："重新审核"，是指"建设项目的环境影响评价文件自批准之日起超过5年，方决定该项目开工建设的，其环境影响评价文件应当报原审批部门重新审核"。（《环境影响评价法》第24条第2款）

D 选项错误，错在"后评价"。不要混淆："后评价"，是指"在项目建设、运行过程中产生不符合经审批的环境影响评价文件的情形的，建设单位应当组织环境影响的后评价，采取改进措施……"。（《环境影响评价法》第27条）本案并非在甲选矿厂运行过程中新发生的情况，而是甲选矿厂在设计施工时没有考虑到生态保护问题，所以对甲选矿厂环境影响应该是"重新评价"，而不是采取补救措施的"后评价"。

102. 【考点】环境保护制度（环境标准）

【答案】ACD

【解析】A 选项当选，错在"省级人民政府环境保护主管部门"。地方环境质量标准是由"省级人民政府"制定。（《环境保护法》第15条第2款）

C 选项当选。省、自治区、直辖市人民政府对国家污染物排放标准中未作规定的项目，可以制定地方污染物排放标准；对国家污染物排放标准中已作规定的项目，可以制定严于国家污染物排放标准的地方污染物排放标准。（《环境保护法》第16条第2款）

D 选项当选。应当"由国务院下达"（《环境保护法》第44条第1款），而非"由国务院生态环境部下达"。

103. [考点] 环境保护制度（重点污染物排放总量控制）

[答案] C

[解析] A选项不当选，错在"减缓审批"，正确处理为"暂停审批"（《环境保护法》第44条第2款）。

B选项不当选，错在审批主体，不应当是"省级以上人民政府"，正确的审批主体为"省级以上人民政府环境保护主管部门"（《环境保护法》第44条第2款）。

C、D选项均考查环境保护主管部门的审批权限：①"责令停业、关闭"需要"报经有批准权的人民政府批准"，故D选项不当选；②但是，环境保护主管部门可以责令其"采取限制生产、停产整治等措施"，故C选项当选。（《环境保护法》第60条）

104. (1) [考点] 环境侵权民事责任 [本题改编自指导案例第128号"李劲诉华润置地（重庆）有限公司环境污染责任纠纷案"]

[答案] BD

[解析] A选项错误，B选项正确。由于光污染对人身的伤害具有潜在性、隐蔽性和个体差异性等特点，人民法院认定光污染损害，应当依据国家标准、地方标准、行业标准，是否干扰他人正常生活、工作和学习，以及是否超出公众可容忍度等进行综合认定。对于公众可容忍度，可以根据周边居民的反应情况、现场的实际感受及专家意见等判断。（指导案例第128号裁判要点）

C选项错误，D选项正确。由于环境侵权是通过环境这一媒介侵害到一定地区不特定的多数人的人身、财产权益，而且一旦出现可用计量方法反映的损害，其后果往往已无法弥补和消除。因此在环境侵权中，侵权行为人实施了污染环境的行为，即使还未出现可计量的损害后果，即应承担相应的侵权责任。（指导案例第128号裁判理由）

(2) [考点] 环境侵权诉讼

[答案] AD

[解析] A选项正确，B选项错误。

❶因污染环境，侵权人应当就其行为与损害之间<u>不存在因果关系</u>承担举证责任。

❷被侵权人要证明：第一，污染者排放了污染物；第二，被侵权人的损害，与污染者排放的污染物或者其次生污染物之间具有关联性。

C选项错误，D选项正确。被侵权人请求污染者停止侵害、排除妨碍、消除危险的，不受诉讼时效期间的限制。

105. [考点] 环境侵权行政责任（按日处罚规则）

[答案] CD

[解析] A、B选项错误。"按日连续处罚"有严格的适用前提，即"经营者违法排放污染物，受到罚款处罚，被责令改正，拒不改正的……"，A、B选项均未满足全部条件。

C、D选项正确。《环境保护法》第59条规定："企业事业单位和其他生产经营者违法排放污染物，受到罚款处罚，被责令改正，拒不改正的，依法作出处罚决定的行政机关可以自责令改正之日的次日起，按照原处罚数额按日连续处罚。前款规定的罚款处罚，依照有关法律法规按照防治污染设施的运行成本、违法行为造成的直接损失或者违法所得等因素确定的规定执行。地方性法规可以根据环境保护的实际需要，增加第1款规定的按日连续处罚的违法行为的种类。"

106. [考点] 公益林的保护

[答案] B

[解析] A选项错误，B选项正确。国家将"森林生态区位重要"或者"生态状况脆弱"，以发挥生态效益为主要目的的林地和林地上的森林划定为公益林。未划定为公益林的林地和林地上的森林属于商品林。

C选项错误。应当划定为商品林。

D选项错误。在符合公益林生态区位保护要求和不影响公益林生态功能的前提下，经科学论证，可以合理利用公益林林地资源和森林景观资源，适度开展林下经济、森林旅游等。（《森林法》第49条第3款）

107. [考点] 森林保护措施

[答案] C

[解析] A选项错误，错在"指令"，应当为"指导"。（《森林法》第7条规定："国家建立森林生态效益补偿制度，加大公益林保护支持力度，完善重点生态功能区转移支付政策，指导受益地区和森林生态保护地区人民政府通过协商等方式进行生态效益补偿。"）

B选项错误，财政资金并非用于"商品林"，而是用于"公益林"。（《森林法》第29条规定："中央和地方财政分别安排资金，用于公益林的营造、抚育、保护、管理和非国有公益林权利人的经济补偿等，实行专款专用。具体办法由国务院财政部门会同林业主管部门制定。"）

C选项正确；D选项错误，错在"2年"，应当是"期满后1年"。（《森林法》第38条规定："需要临时使用林地的，应当经县级以上人民政府林业主管部门批准；

临时使用林地的期限一般不超过2年,并不得在临时使用的林地上修建永久性建筑物。临时使用林地期满后1年内,用地单位或者个人应当恢复植被和林业生产条件。")

108. [考点] 矿产资源的开采和保护(个人开采)

[答案] CD

[解析] A 选项错误。此系企业股权和资产整体转让,只涉及出资人的变动,并非采矿权转让,不涉及采矿权人变更。该《股权转让合同》并非"采矿权转让"合同,应当认定合法有效。[参见最高人民法院民事裁定书(2020)最高法民申5703号、最高人民法院(2015)民申字第1282号]

B 选项错误。《矿产资源法》第6条第1款第1项规定,探矿权人在完成规定的最低勘查投入后,经依法批准,可以将探矿权转让他人。但未经批准不影响"转让合同"的效力。

C 选项正确。在建设铁路、工厂、水库、输油管道、输电线路和各种大型建筑物或者建筑群之前,建设单位必须向所在省、自治区、直辖市地质矿产主管部门了解拟建工程所在地区的矿产资源分布和开采情况。非经国务院授权的部门批准,不得压覆重要矿床。(《矿产资源法》第33条)

D 选项正确。铁路、重要公路两侧一定距离以内,非经国务院授权的有关主管部门同意,不得开采矿产资源。(《矿产资源法》第20条第3项)

E 选项错误。矿产资源属于国家所有,地表或者地下的矿产资源的国家所有权,不因其所依附的土地的所有权或者使用权的不同而改变。(《矿产资源法》第3条第1款)

答案速查表

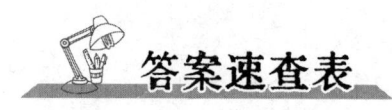

题号	答案	题号	答案	题号	答案
1 (1)	D	14 (3)	C	26 (1)	B
1 (2)	D	14 (4)	D	26 (2)	C
1 (3)	D	15 (1)	B	27 (1)	D
2 (1)	CD	15 (2)	B	27 (2)	A
2 (2)	AD	15 (3)	C	28 (1)	BC
3 (1)	A	16	ABC	28 (2)	D
3 (2)	BCD	17 (1)	BC	28 (3)	CD
4 (1)	C	17 (2)	AD	28 (4)	D
4 (2)	BC	18	AB	29	AD
4 (3)	AB	19	ABD	30	CD
5	AC	20 (1)	A	31 (1)	AE
6 (1)	D	20 (2)	AB	31 (2)	B
6 (2)	B	20 (3)	B	31 (3)	BD
7	BD	20 (4)	C	32	D
8	AD	21 (1)	D	33	BC
9	D	21 (2)	AC	34 (1)	A
10 (1)	A	21 (3)	AD	34 (2)	AD
10 (2)	D	22	AC	35	BC
10 (3)	C	23 (1)	BCD	36 (1)	BD
10 (4)	AC	23 (2)	C	36 (2)	BD
11	B	23 (3)	BC	37	AB
12	AD	24	C	38 (1)	ABC
13	AB	25 (1)	BD	38 (2)	B
14 (1)	D	25 (2)	ABC	39	AC
14 (2)	AC	25 (3)	ABD	40	B

题号	答案	题号	答案	题号	答案
41	A	63（3）	ACD	84	D
42	A	64（1）	A	85	AD
43（1）	AC	64（2）	BD	86	ACD
43（2）	ACD	64（3）	ABCD	87	CD
43（3）	AB	65	AD	88	C
44	C	66	AD	89	AD
45	CD	67（1）	ABC	90（1）	AB
46（1）	BC	67（2）	BD	90（2）	AC
46（2）	ACE	67（3）	AB	90（3）	C
46（3）	AD	67（4）	AC	91	BCD
47	BCD	67（5）	C	92（1）	BC
48	ACD	68	B	92（2）	ABC
49（1）	CD	69	ABD	93	AC
49（2）	BC	70	ABE	94	CD
50	ACD	71	CD	95	D
51（1）	ABC	72	B	96	BD
51（2）	ACD	73（1）	AC	97	ACD
52	CD	73（2）	B	98（1）	BCD
53	ABCD	74	ACD	98（2）	ABC
54（1）	AC	75	ACD	98（3）	ABC
54（2）	D	76（1）	ABCD	99	ACD
55	BC	76（2）	BCD	100	ABCD
56	B	77（1）	AB	101	AB
57	ACD	77（2）	D	102	ACD
58（1）	B	77（3）	BD	103	C
58（2）	BCD	78	ABCD	104（1）	BD
59	BC	79	C	104（2）	AD
60	BCD	80	ABCDE	105	CD
61	AD	81（1）	ABDE	106	B
62	AD	81（2）	ABC	107	C
63（1）	ABCD	82	BC	108	CD
63（2）	C	83	A		

声　明　1. 版权所有，侵权必究。

　　　　2. 如有缺页、倒装问题，由出版社负责退换。

图书在版编目（CIP）数据

金题卷. 商经法突破108题 / 鄢梦萱编著. -- 北京 ：中国政法大学出版社，2024. 7. -- ISBN 978-7-5764-1564-3

Ⅰ. D920.4

中国国家版本馆CIP数据核字第2024DL4914号

出 版 者	中国政法大学出版社
地　　址	北京市海淀区西土城路25号
邮寄地址	北京100088 信箱8034 分箱　邮编100088
网　　址	http://www.cuplpress.com（网络实名：中国政法大学出版社）
电　　话	010-58908285(总编室) 58908433 （编辑部） 58908334(邮购部)
承　　印	三河市华润印刷有限公司
开　　本	787mm×1092mm　1/16
印　　张	9
字　　数	190千字
版　　次	2024年7月第1版
印　　次	2024年7月第1次印刷
定　　价	49.00元

厚大法考（西安）2024年主观题教学计划

班次名称		授课时间	授课方式	标准学费（元）	阶段优惠(元)			图书配备
					6.10前	7.10前	8.10前	
私塾系列	主观私塾A班	随报随学		26800	一对一批改服务,班班督学；一对一诊断学情,针对性提升；课程全面升级；2024年主观题未通过,退20000元。			配备本班次配套图书及随堂内部资料
	主观私塾B班	随报随学		16800	11880	12380	12880	
大成系列	主观通关A班	6.18~10.12	全程集训	16800	座位优先,面批面改,带练带背；2024年主观题未通过,退9000元。			
	主观通关B班	6.18~10.12		16800	9800	10300	9880	
	主观集训A班	7.10~10.12		13800	座位优先,面批面改,带练带背；2024年主观题未通过,退8000元。			
	主观集训B班	7.10~10.12		13800	8880	9300	已开课	
冲刺系列	主观特训A班	8.20~10.12		11800	一对一辅导,班班督学；面批面改,带练带背。			
	主观特训B班	8.20~10.12		11800	7800	8300	8800	
	主观短训A班	9.23~10.12		10800	一对一辅导,班班督学；面批面改,带练带背。			
	主观短训B班	9.23~10.12		10800	6800	7300	7800	

其他优惠：
1. 3人（含）以上团报,每人优惠300元；5人（含）以上团报,每人优惠500元；8人（含）以上团报,每人优惠800元。
2. 厚大老学员在阶段优惠基础上再优惠500元,不再享受其他优惠。
3. 协议班次不适用以上优惠政策。

【西安分校】 陕西省西安市雁塔区长安南路449号丽融大厦1802室（西北政法大学北校区对面）
联系方式：18691857706 李老师　18636652560 李老师　13891432202 王老师

厚大法考APP　　厚大法考官博　　西安厚大法考官微　　西安厚大法考官博

2024年客观题
名师考前30天背练抓分班

厚大网授

○ 考前预测押题　○ 名师直播带背
○ 冲刺决胜客观　○ 高效记忆考点

课程设置

客观考前带背　名师带背，小灶直播互动答疑，串联各部门法核心考点，高效带背，精准记忆。

同时每科还配有课后练习题，听完即做，查漏补缺，助力考前冲刺。

客观考前聚焦　名师根据客观考前最新信息，精心编写预测题考题，直击考点，助力考前冲关。

课程时间
2024年8月中旬-客观题考前

适合人群
2024年客观题备考学员

课程福利
赠送纸质版带背讲义

【普通模式】
扫码报名了解详情

【退费模式】
扫码报名了解详情

课程服务

每日规划　量化学习目标，群内发布任务，精确到天

在线答疑　专业老师群内答疑，及时解决问题，学习不留疑点

陪伴督学　最后30天考前冲刺班主任全程贴心陪伴，不落一人

名师福利　第一时间抢占"名师资料"，拥有更多时间从容备考